Mobbing am Arbeitsplatz – wie wehre ich mich?

Beobachter-Edition
3., überarbeitete Auflage, 2017
© 2006 Ringier Axel Springer Schweiz AG
Alle Rechte vorbehalten
www.beobachter.ch

Herausgeber: Der Schweizerische Beobachter, Zürich
Lektorat: Käthi Zeugin, Zürich
Reihenkonzept: fraufederer.ch
Umschlagillustration: illumueller
Satz: Bruno Bolliger, Losone
Druck: CPI Books GmbH, Ulm

ISBN 978-3-03875-034-5

Zufrieden mit den Beobachter-Ratgebern?
Bewerten Sie unsere Ratgeber-Bücher im Shop:
www.beobachter.ch/shop

Mit dem Beobachter online in Kontakt:

www.facebook.com/beobachtermagazin

www.twitter.com/BeobachterRat

IRMTRAUD BRÄUNLICH KELLER

Mobbing am Arbeitsplatz – wie wehre ich mich?

Ein Ratgeber aus der Beobachter-Praxis

Beobachter
EDITION

Die Autorin

Irmtraud Bräunlich Keller, lic. rer. pol., ist Redaktorin und Arbeitsrechtsspezialistin beim Beobachter. Sie ist Autorin der Beobachter-Ratgeber «Arbeitsrecht», «Flexibel arbeiten; Temporär, Teilzeit, Freelance» und «Job weg – meine Rechte» sowie Koautorin von «Fair qualifiziert», «OR für den Alltag» und «Plötzlich Chef».

Stand Gesetze und Rechtsprechung: März 2017

Download-Angebot zu diesem Buch
Die Musterbriefe im Anhang sowie die Checklisten und das Mobbingtagebuch stehen online bereit zum Herunterladen und selber Bearbeiten: www.beobachter.ch/download (Code 0345).

Inhalt

Vorwort 11

❶ Was ist Mobbing? 13

Mobbing – ein Modebegriff und was dahintersteckt 14
Die Definition der Fachleute 14
Die Wurzeln des Übels 16

Das Opfer und seine Situation 19
Jeder kann ins Abseits geraten 19
Folgen von Mobbing 21
Die Sicht von aussen: Alles nur Einbildung? 22
Werden Sie gemobbt? 24

Mobbingopfer erzählen – Laura L.:
«Ich hatte das Gefühl: Ich bin niemand und kann nichts.» 27

❷ Mobbing vorbeugen und stoppen 33

Wehret den Anfängen 34
So können Sie vorbeugen 35
Beachten Sie frühe Warnsignale 37
Analysieren Sie die Situation 38
Führen Sie ein Tagebuch 40
Achten Sie auf den Informationsfluss 42
Nehmen Sie die eigene Rolle unter die Lupe 43

Aussprache statt Eskalation 47
Das Gespräch mit den Widersachern 48
Beim Vorgesetzten Unterstützung holen 50
Wenn der Chef mobbt 52
Moderne Gefahr: Cyber-Mobbing 56

Tragen Sie Ihrer Gesundheit Sorge 59
Kraft schöpfen in der Freizeit 59
Kämpfen oder fliehen? 60

Mobbingopfer erzählen – Fabian P.:
«Ich war nicht bereit, die ‹Götter› in unserer
Firma anzubeten.» 62

❸ Mobbing und Recht 69

**Verletzung der Persönlichkeit –
wie kann man sich wehren?** 70
Ihr Anspruch auf Schutz 71
Sammeln Sie Beweise 72
Den Arbeitgeber schriftlich mahnen 73
Die Arbeit verweigern? 74
Schadenersatz und Genugtuung fordern 74
Angst vor einer Kündigung? 75

Vertragsbruch und Machtmissbrauch 77
Grundregel: Verträge sind einzuhalten 78
Immer weniger Arbeit 79
Gegen Ihren Willen versetzt 80
Weniger qualifizierte Arbeit als vereinbart 81

Auf unzulässige Weise überwacht 82
Unfair kritisiert und beurteilt 83
«Man» hat sich über Sie beschwert 85
Der Arbeitgeber verlangt Schadenersatz 86
Wenn es gütlich nicht geht: der Rechtsweg 87

Diskriminierung und sexuelle Belästigung 89
Diskriminierung und Mobbing 90
Schutz vor sexueller Belästigung 91
Wenn keine Einigung möglich ist 93

Mobber zur Verantwortung ziehen 97
Machen sich Mobber strafbar? 98
Strafantrag: nur in krassen Fällen sinnvoll 100

❹ Wenn Mobbing krank macht 103

Was tun bei gesundheitlichen Problemen? 104
Ärztliche Hilfe holen 104
Unsichtbares Leiden 105

Ihr Lohnanspruch bei Arbeitsunfähigkeit 107
Wie hoch ist der Krankenlohn? 108
Das gilt, wenn Sie länger krank sind 109

Mobbingopfer erzählen: Brigitte R.:
«Ich bin stolz, dass ich mich gewehrt habe.» 110

5 Kündigung? ... 117

Die allgemeinen Kündigungsregeln ... 118
Kein wirksamer Schutz vor Entlassung ... 118
Die korrekte ordentliche Kündigung ... 119
Als Mobbingopfer selber kündigen? ... 120
Wenn Arbeitslosigkeit droht ... 121
Sofort gehen – ist das möglich? ... 122

Wenn der Arbeitgeber kündigt ... 123
Schützende Kündigungssperrfristen ... 124
Die missbräuchliche Kündigung ... 127
Wann darf der Arbeitgeber fristlos kündigen? ... 130
Vertragsauflösung im gegenseitigen Einverständnis ... 131

Blick nach vorn – die Zukunft anpacken ... 134
Rasch eine neue Stelle suchen ... 134
Kämpfen lohnt sich: das Arbeitszeugnis ... 136
Worauf achten bei Referenzauskünften? ... 137
Mobbing verarbeiten ... 138

6 So beugen Firmen Mobbing vor ... 141

Die Verantwortung der Chefs ... 142
Wenn Vorgesetzte versagen ... 142
Motivation und Produktivität leiden ... 144

Prävention: geeignete Massnahmen im Betrieb ... 144
Die Zufriedenheit der Mitarbeiter erfassen ... 145
Ein schriftliches Leitbild erarbeiten ... 147
Anlaufstellen schaffen ... 148

Eingreifen: Probleme früh ansprechen 150
Professionelle Berater beiziehen 150
Vom Umgang mit Mobbingopfern 153

7 Mobbing in der Gerichtspraxis 157

Mobbingprozesse – ein Überblick 158
Unterschiede zwischen Deutschschweiz und Romandie 159
Urteile des Bundesgerichts 159
Kantonale Urteile 174

Mobbingopfer erzählen – Paul F.:
«Am schlimmsten war, nicht zu verstehen,
was geschah.» 182

8 Anhang 189

Musterbriefe 190
Adressen und Links 194
Literatur 197

Vorwort

Gezielte Schikanen, abschätzige Bemerkungen, unfaire Kritik, fiese Machenschaften aller Art – Mobbing hat viele Gesichter. Studien haben ergeben, dass gegen zehn Prozent aller Arbeitnehmenden Psychoterror und Ausgrenzung am Arbeitsplatz erleben. Die Folgen sind nicht selten gesundheitliche Störungen, ein kaputtes Selbstwertgefühl, Stellenverlust und Arbeitslosigkeit.

Auch ans Beobachter-Beratungszentrum wenden sich regelmässig Ratsuchende, die an ihrem Arbeitsplatz ausgegrenzt und gedemütigt werden. «Der neue Chef wollte mich von Anfang an weghaben», heisst es dann etwa. Oder: «Ich werde ständig kritisiert. Aber was ich anders machen soll, erklärt mir niemand.»

Dieser Ratgeber leistet Erste Hilfe. Er informiert einerseits Betroffene, unsterstützt sie und zeigt ihnen Wege, wie sie sich wehren können. Andererseits erfahren Führungspersonen, welch zentrale Rolle ihnen bei der Entstehung und vor allem bei der Verhinderung von Mobbing zukommt. Und schliesslich erklärt das Buch auch, worauf es ankommt, wenn nichts anderes übrig bleibt, als die Stelle zu wechseln und sich neu zu orientieren.

Mobbing verursacht nicht nur sehr viel Leid, sondern auch horrende betriebs- und volkswirtschaftliche Kosten. Dass es im Interesse aller liegt, destruktive Vorgänge in der Arbeitswelt zu verhindern und fair und respektvoll miteinander umzugehen, das ist die Hauptbotschaft dieses Buches.

Irmtraud Bräunlich Keller
im April 2017

1
Was ist Mobbing?

Mobbing – ein Modebegriff und was dahintersteckt

Mobbing ist ein Modewort und – so scheint es – in aller Munde. Gemobbt wird am Arbeitsplatz, in Schulklassen und Vereinen. Zählungen haben ergeben, dass von allen Ratsuchenden, die sich mit arbeitsrechtlichen Fragen ans Beobachter-Beratungszentrum wenden, rund zehn Prozent über Mobbing klagen. Was aber ist Mobbing?

Das Wort leitet sich vom Englischen «to mob» ab und bedeutet «jemanden anpöbeln, über jemanden herfallen». Der Begriff Mobbing wurde in den 1970er-Jahren vom Verhaltensforscher Konrad Lorenz für Angriffe verwendet, die Gruppen von Tieren gegen ein einzelnes Tier praktizieren, um es zu verscheuchen. Später wurde das Wort vom deutsch-schwedischen Arbeitspsychologen Heinz Leymann aufgegriffen, der als Begründer der modernen Mobbingforschung gilt (siehe Literaturverzeichnis). Er untersuchte als Erster systematische destruktive Vorgänge in der Arbeitswelt, die auf das Schikanieren von Mitarbeitenden hinauslaufen, mit dem Ziel, diese fertigzumachen und schliesslich aus dem Job zu drängen. Geht Mobbing von Vorgesetzten aus, spricht man auch von Bossing.

Die Definition der Fachleute

Leymann und nach ihm andere Wissenschaftler haben den Begriff Mobbing definiert. Übereinstimmend haben sie festgehalten, dass es sich bei Mobbing um Feindseligkeiten handelt, die über einen längeren Zeitraum ausgeübt werden und sich gegen eine bestimmte Person oder Gruppe wenden. Vereinzelte Vorfälle und Übergriffe sowie Auseinandersetzungen zwischen gleich starken Kontrahenten sind kein Mobbing. Ebenso wenig das gelegentliche Ausrasten des cholerischen Chefs, das immer wieder mal einen anderen Mitarbeiter trifft. Es sind nicht die einzelnen Vorkommnisse, die das Mobbing ausmachen, sondern ihre Gesamtheit – die Summe aller belastenden Handlungen über einen längeren Zeitraum hinweg.

KATHRIN F., 49-JÄHRIG, arbeitet seit 22 Jahren als geschätzte Fachkraft im selben Betrieb. Doch dann übernimmt ein neuer Chef die Abteilung und beginnt ein Verhältnis mit der jungen Arbeitskollegin. Seither fühlt sich Frau F. schikaniert, ausgegrenzt und belächelt. Interessante Arbeiten werden ihr weggenommen und der jungen Kollegin zugeschanzt. Der Chef hat an allem etwas auszusetzen, und die herablassenden Bemerkungen der Kollegin sind zutiefst verletzend. Nach anderthalb Jahren ist Katrin F. mit ihren Kräften am Ende, schläft nicht mehr und hat Angst, am Morgen zur Arbeit zu gehen. Schliesslich kündigt sie, ohne zu wissen, ob sie überhaupt die Kraft aufbringen wird, eine neue Stelle zu suchen.

DAS IST MOBBING

«Mobbing ist ein systematisches, feindliches, über einen längeren Zeitraum anhaltendes Verhalten, mit dem eine Person an ihrem Arbeitsplatz isoliert, ausgegrenzt oder gar von ihrem Arbeitsplatz entfernt werden soll. Das Opfer ist oft in einer Situation, in der jede Einzelhandlung unter Umständen als zulässig zu beurteilen ist, jedoch die Gesamtheit der Handlungen zu einer Destabilisierung des Opfers und bis zu dessen Entfernung vom Arbeitsplatz führen kann.» (Definition des Bundesgerichts)

Die fünf Formen der Schikane
Mobbing kommt in den verschiedensten Formen vor. Vor allem in der Anfangsphase können die Betroffenen nur schwer einordnen, ob es sich um Zufälle oder gezielte Attacken handelt. Ausserdem lassen sich Mobber die unterschiedlichsten Gemeinheiten einfallen. Das Geschehen ist somit völlig unberechenbar. Heinz Leymann unterschied fünf Arten von Mobbinghandlungen:

- **Angriffe auf die Möglichkeit, sich mitzuteilen:** nicht ausreden lassen, Informationen vorenthalten oder falsche Informationen weitergeben, «wie Luft» behandeln
- **Angriffe auf die sozialen Beziehungen:** allgemeine Kontaktverweigerung, nicht grüssen, Isolierung des Opfers, Versetzung an einen abgelegenen Arbeitsplatz
- **Angriffe auf das soziale Ansehen:** Gerüchte verbreiten, Beleidigungen, öffentliches Blossstellen, abschätzige Bemerkungen über Privatleben oder Aussehen der gemobbten Person
- **Angriffe auf die Qualität der Berufs- oder Lebenssituation:** schikanöse oder erniedrigende Arbeitszuweisung, ungerechtfertigte Kritik an Arbeitsweise und Leistung, Entziehen wichtiger Aufgaben
- **Angriffe auf die Gesundheit:** Tätlichkeiten, Arrangieren von Unfällen, sexuelle Belästigung

Gemäss Leymann handelt es sich um Mobbing, wenn derartige Handlungen mindestens einmal in der Woche und seit mindestens einem halben Jahr vorkommen (siehe auch Fragebogen auf Seite 25).

Die Wurzeln des Übels

Es gibt Fachleute in spezialisierten Beratungsstellen, die das Wort Mobbing nicht gern verwenden. Denn es klingt nach «Täter» und «Opfer», nach klarer Schuldzuweisung, nach einem Konzept also, das für die Lösung von Konflikten am Arbeitsplatz oft nicht hilfreich ist. Tatsächlich ist die Ursache für Gehässigkeiten und Spannungen am Arbeitsplatz nicht immer nur bei klar identifizierbaren Bösewichten zu suchen. In der Regel spielen verschiedene Ursachen zusammen.

Ein Sündenbock muss her
Wo verschiedene Menschen gemeinsam in einem Betrieb arbeiten, gibt es Reibereien, Konflikte, Stress und mitunter auch verbale Entgleisungen und Wutausbrüche. Das ist normal. Werden die Probleme ernst genommen und aktiv angegangen, lassen sie sich in der Regel lösen und können sogar positive Impulse liefern. Doch Konflikte am Arbeitsplatz werden häufig als störend empfunden. Die Versuchung ist gross, sie zu ignorieren oder von der sachlichen auf die persönliche Ebene zu verschieben. Anstatt das Problem direkt anzugehen, ist es einfacher, einem Sündenbock die Verantwortung zuzuschieben.

DER FIRMA X STEHT EINE UMORGANISATION BEVOR. Aufgaben werden neu verteilt, Abteilungen umstrukturiert. Zwei Mitarbeiter haben sachliche Bedenken und fürchten um ihre Arbeitsplätze. Sie äussern ihre Vorbehalte, präsentieren Gegenkonzepte. Anstatt diese Ängste ernst zu nehmen und ihnen mit sachlichen Argumenten zu begegnen, beginnen die Vorgesetzten einen Kleinkrieg gegen die «Rebellen». Der Geschäftsführer macht sich lustig über sie, bezeichnet sie als «unsere beiden Ewiggestrigen», hetzt die Befürworter der neuen Organisationsstruktur gegen sie auf und stellt die Qualität ihrer Arbeit infrage. Das eigentliche Problem, die möglichen Schwächen der Neuorganisation, wird nicht thematisiert.

Ungelöste Probleme und Konflikte
Ursache für Mobbing sind also häufig ungelöste Probleme. Dabei gibt es die unterschiedlichsten Varianten. Hier ein paar Beispiele:

- **Mangelhafte Strukturen:** Wo keine klaren Pflichtenhefte und Kompetenzverteilungen existieren, sind Mitarbeitende versucht, ihr «Gärtchen» selbst abzustecken, Seilschaften zu bilden und ihre Position mit unlauteren Mitteln zu verteidigen.
- Zunehmender **Leistungs- und Kostenspardruck** verhindert ein «Wirgefühl» und führt zu Konkurrenzdenken und Ellenbogenmentalität, mitunter sogar zu Verdrängungskämpfen.
- Häufige Mobber sind **inkompetente oder unsichere Chefs,** die sich von fähigen, dynamischen Mitarbeitenden bedroht fühlen. Anstatt die Qualitäten kompetenter Mitarbeiter im Interesse der Firma zu nutzen, ziehen sie es vor, deren Ideen abzuwürgen, sie zu bremsen und mit unsachlicher Kritik zu verunsichern. Dabei werden häufig gerade besonders gute Leute demontiert und fertiggemacht.
- Mitunter ist Mobbing auch ein **Ablenkungsmanöver:** Mobber haben häufig eine negative Einstellung zur Leistung. Anstatt sich selber anzustrengen, machen sie lieber andere schlecht.
- **Schlecht durchgeführte und kommunizierte Veränderungsprozesse** (Umorganisationen, Chefwechsel, Fusionen) führen zu Unruhe, brodelnder Gerüchteküche, Gerangel um die «besten Plätze» – nicht immer mit fairen Mitteln.
- Auch **Führungskräfte können gemobbt werden.** Für Untergebene, die selbst gern Chef geworden wären, gibt es zahlreiche Möglichkeiten, dem Neuen in den Rücken zu fallen und seine Vorhaben zu torpedieren.

> **INFO** *Beim Mobbing geht es nie darum, einen Konflikt zu lösen. Im Gegenteil: Die andere Partei soll niedergemacht und ausgeschaltet werden. Dass diese destruktiven Vorgänge möglich werden, ist nicht nur die Schuld der Mobber selbst. Verantwortung tragen auch alle Kollegen, die schweigend zusehen, sowie die Vorgesetzten, die – obwohl sie es in der Hand hätten – nichts unternehmen, um die üblen Machenschaften zu stoppen.*

Das Opfer und seine Situation

Mobbing kann jeden und jede treffen. Das typische Mobbingopfer gibt es nicht. Betroffen sind Männer und Frauen jeglichen Alters, unabhängig vom beruflichen Status, Aussehen und Zivilstand.

Mobbing ist kein Frauenproblem, wie häufig vermutet wird. Allerdings wenden sich deutlich mehr Frauen als Männer an spezialisierte Beratungsstellen. Männer neigen eher dazu, ihre Probleme allein lösen zu wollen.

Jeder kann ins Abseits geraten

Es trifft nicht zu, dass nur überempfindliche Menschen oder «geborene Opfer» unter Mobbing leiden. Zwar laufen schwächere Personen, die besonders harmoniebedürftig sind und Mühe haben, für ihre Interessen einzutreten, eher Gefahr, gemobbt zu werden. Aber nicht nur sie: Untersuchungen haben gezeigt, dass Personen, die sich in irgendeiner Form von ihren Kolleginnen und Kollegen unterscheiden, eher zu Mobbingopfern werden. So werden Menschen mit Behinderung, Homosexuelle und Ausländer besonders häufig gemobbt. Die einzige Frau unter lauter Männern ist ebenfalls eine mögliche Zielscheibe. Bekannt wurden sowohl in Deutschland wie in der Schweiz Fälle von Polizistinnen, die von ihren männlichen Kollegen massiv gemobbt wurden (siehe auch Urteil auf Seite 179).

Anders als die anderen ist aber auch der Ältere unter den Jungen, die besonders Attraktive unter den Durchschnittstypen, die Neue unter den Altgedienten oder der besonders Tüchtige, der den beschaulichen Büroalltag seiner weniger engagierten Kollegen zu stören droht. Häufige Mobbingopfer sind zudem Personen, die sich erlaubt haben, auf Missstände innerhalb des Betriebs hinzuweisen, sogenannte Whistleblower. Gegen Mobbing ist niemand gefeit.

WALTER P. BERICHTET: «Ich hatte das Glück, relativ früh meinen Traumjob zu finden, und habe dann über 20 Jahre im gleichen Betrieb gearbeitet. Leider blieb mir zuletzt nichts anderes übrig, als zu gehen. Nie hätte ich gedacht, dass man mir meine Arbeit so vermiesen könnte. Früher war ich ein geschätztes Teammitglied und hatte dank meiner Erfahrung eine Art Sonderstellung. Mit den Kollegen verband mich ein freundschaftliches Verhältnis. Doch dann gab es Personalwechsel, jüngere Leute kamen und ich fühlte mich immer mehr als Aussenseiter. Meine Betriebstreue galt plötzlich als Sesselkleberei und Zeichen mangelnder Dynamik. Bei der Verteilung interessanter Aufgaben wurde ich übergangen. Meine Vorschläge wurden belächelt oder ignoriert. Ich kam mir vor wie eine Altlast, die man notgedrungen mitschleppt. Schliesslich musste ich die Konsequenzen ziehen, um nicht krank zu werden.»

Soziale Berufe: erhöhtes Mobbingrisiko
Studien haben ergeben, dass in sozialen Berufen sowie auch in der öffentlichen Verwaltung Mobbing besonders häufig vorkommt. So ergab eine Erhebung in Deutschland, dass Mobbing im Gesundheits- und Sozialbereich siebenmal häufiger vorkommt als in anderen Branchen.

Dies entspricht auch den täglichen Erfahrungen des Beobachter-Beratungszentrums. Möglicherweise hängt dies damit zusammen, dass Fachleute im Sozialbereich eine menschlich sehr anspruchsvolle Arbeit ausführen und grosse Verantwortung tragen, gleichzeitig aber einem hohen Kostenspardruck ausgesetzt sind. «In unsere Beratung kam eine leitende Pflegeangestellte, die in ihrer Abteilung 16 Vakanzen hat. Wegen Geldmangel und Sparmassnahmen werden diese Stellen aber nicht besetzt», berichtet der Leiter einer spezialisierten Beratungsstelle. «Das sorgt für Stress und Druck unter den Mitarbeitenden, der sich in vermehrten Konflikten äussert.»

Folgen von Mobbing

Für die Mobbingopfer werden die feindseligen Angriffe zur unerträglichen Belastung. Der ständige Kleinkrieg zerstört nicht nur ihr Selbstwertgefühl, sondern auch ihre Gesundheit. Da viele Mobbinghandlungen keiner vernünftigen Logik folgen, beginnen die Opfer an ihrer Wahrnehmung zu zweifeln und sich selbst zu hinterfragen. Ihre Gedanken kreisen ständig um das Erlebte im verzweifelten Bemühen, die Vorgänge zu verstehen und irgendeine Lösung zu finden. Betroffene bezeichnen den Prozess oft als Spirale, die sich immer weiter nach unten dreht.

Je länger das Mobbing andauert, umso häufiger kommt es zu gesundheitlichen Störungen: Schlaflosigkeit, Kopfschmerzen, Verdauungsstörungen bis hin zu Depressionen, Selbstmordgedanken und völliger Arbeitsunfähigkeit. Zudem leidet auch das familiäre Umfeld eines Betroffenen. Das ewige Grübeln rund um die Mobbingerlebnisse belastet auch die Angehörigen des Opfers.

Mobbing ist teuer
Die Schäden, die durch Mobbing verursacht werden, sind enorm – und nicht nur für die Betroffenen: Hinzu kommen hohe Kosten für die Betriebe, die Mobbing zulassen, sowie für die gesamte Volkswirtschaft.

Von Mobbing Betroffene sind in ihrer Leistungsfähigkeit massiv eingeschränkt, werden häufiger arbeitsunfähig geschrieben. Aber auch die Mobber verschwenden einen Grossteil ihrer Arbeitskraft für ihre bösartigen Machenschaften. Weitere Arbeitsausfälle entstehen durch Sitzungen, Gespräche und andere Massnahmen, mit denen man versucht, das Mobbingproblem in den Griff zu kriegen.

Hinzu kommen die Kosten von allfälligen Entlassungen, Neuanstellungen und Umstrukturierungen. Enorm ist auch der finanzielle Schaden für die gesamte Volkswirtschaft, wenn die Opfer krank, arbeitslos oder invalid werden. Die durch Mobbing verursachten Kosten werden in der Schweiz auf über vier Milliarden Franken jährlich geschätzt.

NACH MONATELANGEN ANFEINDUNGEN und unhaltbaren Verdächtigungen seitens ihres Vorgesetzten war die 42-jährige Alexandra W. mit ihren Kräften am Ende. Die Folgen des schweren Mobbings: ein mehrwöchiger Klinikaufenthalt, monatelange Therapie und eine fast einjährige Arbeitsunfähigkeit. In einem langwierigen Mediationsverfahren suchte man nach Lösungen. Schliesslich verliessen als Folge der Querelen vier Personen den Betrieb, mussten ersetzt und ihre Nachfolger eingearbeitet werden. Alexandra W.s Erwerbsausfall zahlte zuerst die Krankentaggeld- und anschliessend monatelang die Arbeitslosenversicherung.

Die Sicht von aussen: Alles nur Einbildung?

Für Mobbingbetroffene ist es schwierig, sich Dritten anzuvertrauen und ihr Leiden in Worte zu fassen. Da die meisten Vorfälle – isoliert betrachtet – als nicht besonders gravierend erscheinen und erst durch ihre Häufung zum Terror werden, stossen Schilderungen bei Unbeteiligten nicht selten auf Unverständnis. Für viele Aussenstehende, die noch keine Mobbingerfahrungen gemacht haben, ist auch schlicht unvorstellbar, dass es «so etwas» geben soll. Sie neigen dazu, die Schilderungen der betroffenen Person in Zweifel zu ziehen oder zumindest als «nicht so schlimm» abzutun.

Mobbingopfer, deren Gedanken ständig um die erlebten Quälereien kreisen, beschweren sich zudem oft auf eine Weise, die auf andere rechthaberisch wirkt und den Eindruck erweckt, sie seien von ihrem Problem geradezu besessen. Häufig sind dann Reaktionen der Umwelt wie: «Der bildet sich das doch nur ein», oder: «Die ist ja wohl selbst schuld, so wie die redet...» Und das treibt Mobbingopfer noch weiter in die Isolation und Verzweiflung.

TIPP *Kennen Sie diese Situation als Aussenstehender? Um die Abwärtsspirale zu verhindern, ist es wichtig, Mobbingopfern Gelegenheit zu geben, sich mitzuteilen, und ihnen zuzuhören. Versuchen Sie, dem Opfer zu helfen, seine Situation in Worte zu fassen. Zeigen Sie ihm, dass Sie es ernst nehmen.*

Querulanten haben keine Zweifel
Natürlich gibt es sie, die Überempfindlichen, die überall Feindseligkeiten wittern, die Querulanten, die sich ständig benachteiligt fühlen, oder die Paranoiker mit ihrem Verfolgungswahn. Sie sind nicht das Thema dieses Buches.

Paranoiker unterscheiden sich von echten Opfern «durch die Tonart, in der sie die Beschwerde vorbringen», erklärt die französische Psychotherapeutin Marie-France Hirigoyen in ihrem Buch «Mobbing – Wenn der Job zur Hölle wird» (siehe Literaturverzeichnis): «Tatsächliche Opfer seelischer Gewalt äussern Zweifel, fragen sich, ob ihre eigene Handlungsweise immer korrekt war, und suchen nach Lösungen, wie sie ihrer Qual ein Ende setzen könnten [...] Paranoiker dagegen zweifeln nicht. Sie stellen Behauptungen auf und ergehen sich in Anschuldigungen.» Pseudo-Opfer suchten kein Arrangement – so die Fachfrau. Ihnen gehe es einzig darum, sich zu rächen oder finanzielle Vorteile aus der Situation zu ziehen.

Werden Sie gemobbt?

Mobbingprozesse sind sehr komplex. Möglicherweise sind Sie immer noch unsicher, ob die Belastungen, denen Sie am Arbeitsplatz ausgesetzt sind, als Mobbing einzustufen sind. Die Checkliste auf der nächsten Seite hilft Ihnen, Ihre Situation besser einzuschätzen. Es handelt sich um die Fragen, die den Probanden in einer Mobbing-Studie des Staatssekretariats für Wirtschaft (Seco) gestellt wurden.

Handeln Sie, holen Sie Hilfe
Wenn Sie nach reiflicher Überlegung zum Schluss kommen, dass Sie von Ihren Vorgesetzten oder Kollegen gemobbt werden, müssen Sie handeln. Es wäre falsch, das Erlebte zu verdrängen oder einfach alles über sich ergehen zu lassen. In den folgenden Kapiteln erfahren Sie, welche Möglichkeiten und Rechte Sie als Mobbingopfer haben. Sie dürfen sich allerdings nichts vormachen: Patentrezepte gegen Mobbing gibt es nicht. Absichtlicher Bösartigkeit ist nur schwer beizukommen.

TIPP *Wenn Sie feststellen, dass Sie allein nichts ausrichten können, holen Sie – besser früher als später – professionelle Hilfe. Scheuen Sie sich nicht, qualifizierte Beratungsstellen aufzusuchen. Es ist keine Schande, in einer solchen Situation nicht weiterzuwissen. Auf dem Spiel steht Ihr höchstes Gut: Ihre Gesundheit. Adressen finden Sie im Anhang*

Möglicherweise leiden Sie an Ihrem Arbeitsplatz unter Meinungsverschiedenheiten und Konflikten, die nicht als Mobbing gelten können. Auch dann wird Ihnen der eine oder andere Ratschlag in diesem Buch nützlich sein. Nehmen Sie aber das Wort Mobbing nicht voreilig und leichtfertig in den Mund. Damit leisten Sie sich keinen Dienst und tragen womöglich zu einer unnötigen Verhärtung der Situation bei.

BIN ICH EIN MOBBINGOPFER?

	Ja	Nein
Werden Sie im Betrieb angeschrien oder laut beschimpft?	☐	☐
Werden Sie bei mündlichen Ausführungen/Beiträgen absichtlich unterbrochen?	☐	☐
Werden Sie im Betrieb wie Luft behandelt?	☐	☐
Wird in Ihrem Betrieb feindselige Stimmung gegen Sie gemacht?	☐	☐
Werden Sie absichtlich von betrieblichen Feiern und anderen sozialen Anlässen ausgeschlossen?	☐	☐
Kommt es vor, dass auf Sie nicht reagiert wird, wenn Sie jemanden ansprechen wollen? (Damit ist nicht gemeint, dass jemand nicht Grüezi gesagt hat.)	☐	☐
Kommt es vor, dass nicht mit Ihnen gesprochen wird?	☐	☐
Werden Ihre Kontaktversuche mit abwertenden Blicken oder mit negativen Gesten abgeblockt?	☐	☐
Wird die Zusammenarbeit mit Ihnen verweigert?	☐	☐
Hat man Sie an einen Arbeitsplatz versetzt, an dem Sie von den anderen isoliert sind?	☐	☐
Wird an Ihrer Arbeit herumgenörgelt, um Sie zu schikanieren?	☐	☐
Werden Sie bei Entscheidungen, die Sie persönlich betreffen, übergangen?	☐	☐
Werden Sie von Kollegen bei Vorgesetzten angeschwärzt?	☐	☐
Werden Vorschläge, die von Ihnen gemacht werden, grundsätzlich abgelehnt?	☐	☐
Werden Ihre Arbeitsergebnisse manipuliert oder verfälscht, um Sie zu schikanieren?	☐	☐
Werden Sie im Betrieb absichtlich falsch oder gar nicht informiert, damit Sie Schwierigkeiten bekommen?	☐	☐
Werden Sie für Fehler der anderen oder für allgemeine betriebliche Probleme verantwortlich gemacht?	☐	☐
Wird Ihr Arbeitseinsatz in kränkender Weise beurteilt?	☐	☐

→

	Ja	Nein
Werden Ihnen genauste Vorschriften gemacht, wie die einfachsten Arbeiten zu erledigen sind, um Sie zu schikanieren?	☐	☐
Sind Ihnen wichtige Einfluss- und Tätigkeitsbereiche weggenommen worden?	☐	☐
Teilt man Sie öfters zu neuen Arbeitsaufgaben ein, ohne dass Sie gefragt werden / ohne dass mit Ihnen gesprochen wird?	☐	☐
Werden Sie gezwungen, Arbeiten auszuführen, die Ihr Selbstbewusstsein verletzen, müssen Sie zum Beispiel plötzlich die einfachsten Sachen absegnen lassen, sich Briefe korrigieren lassen etc.?	☐	☐
Werden Sie zu Arbeiten gezwungen, die Ihrer körperlichen Gesundheit erheblich schaden?	☐	☐
Werden Sie im Betrieb in kränkender Weise lächerlich gemacht, werden Sie zum Beispiel imitiert oder wird über Ihr Aussehen, eine Behinderung etc. gespottet?	☐	☐
Wird Ihre politische oder religiöse Einstellung in kränkender Weise angegriffen?	☐	☐
Macht man sich über Ihre Nationalität in kränkender Weise lustig?	☐	☐
Wird im Betrieb über Ihr Privatleben gespottet?	☐	☐
Ist Ihnen bekannt, dass hinter Ihrem Rücken in kränkender Weise über Sie gesprochen wird?	☐	☐
Werden Sie verdächtigt, psychisch krank zu sein, obwohl Sie es nicht sind?	☐	☐
Wurden Sie von Betriebsangehörigen mündlich oder schriftlich bedroht?	☐	☐
Sind Ihnen unangenehme verbale sexuelle Angebote gemacht worden oder sind Sie sexuell belästigt worden?	☐	☐

Wenn Sie mehrere dieser Fragen mit Ja beantworten und wenn Sie die Vorfälle über längere Zeit mindestens einmal pro Woche erleben, können Sie davon ausgehen, dass Sie gemobbt werden. Der Test bietet aber nur Anhaltspunkte. Ein Fragebogen kann längst nicht alle Spielarten von Mobbing erfassen. Wenden Sie sich im Zweifelsfall an eine spezialisierte Beratungsstelle.

Mobbingopfer erzählen – Laura L.:

«Ich hatte das Gefühl: Ich bin niemand und kann nichts.»

Laura L. war 22 Jahre lang in einer sozialen Institution tätig, wo sie sich zur qualifizierten, allseits geschätzten Sachbearbeiterin emporarbeitete. Als sie mit 48 Jahren beschloss, nochmals eine neue Herausforderung anzunehmen, fand sie rasch eine Stelle in der Personalabteilung eines grösseren Konzerns. Damit begann eine zwei Jahre lange Leidenszeit.

Es fing schon damit an, dass ich überhaupt nicht eingearbeitet wurde. Man warf mich einfach ins kalte Wasser. Zu Beginn machte ich mir nicht allzu viele Sorgen. Schliesslich war mir das Arbeitsgebiet aus meiner bisherigen Tätigkeit vertraut, wenn auch von einer anderen Warte aus. Das Tagesgeschäft war dann aber doch sehr anders, und das verunsicherte mich. Diese Unsicherheit nutzten die Kollegen von Anfang an aus; sie stellten sich gegen mich. Ich bekam den Stempel: «Die begreift es nicht, ist viel zu langsam, was macht die überhaupt an dieser Stelle …» Das wirkte sich auch räumlich aus. Als ich einmal in den Ferien war, wurde ich im Grossraumbüro einfach versetzt – auf einen Platz abseits von den anderen. Begründet wurde dies nicht. Als ich zurückkam, hiess es lediglich: «Du sitzt jetzt dort drüben.»

«Man verdrehte die Augen, wenn ich etwas sagte.»

Es wurden mir auch Informationen vorenthalten und Abläufe nur unvollständig erklärt. Wenn mir Arbeit zugewiesen wurde, dann geschah das mit Bemerkungen wie: «Das können wir ihr wohl geben, das wird sie schon begreifen.» Es fällt mir schwer, mich an konkrete Einzelheiten zu erinnern. Es war alles ziemlich diffus. Ich konnte erst hinterher erkennen, was da abgelaufen war. Damals merkte ich nur, dass mein Selbstbewusstsein völlig zusammenbrach. Ich hatte das Gefühl, ich sei niemand und ich könne nichts. Wenn ich jemanden um Hilfe bat, bekam ich sie schon, aber so mit einem Unterton von: «Was, jetzt fragt die immer noch?» Man verdrehte die Augen, wenn ich etwas sagte, liess mich die Geringschätzung spüren.

«Ich sprach mit niemandem im Betrieb über meine Probleme, sondern suchte den Fehler bei mir.»

Ich suchte mehrmals das Gespräch mit meinem Chef. Doch er half mir in keiner Weise. Er wich aus, verstand gar nicht, worüber ich mich aufregte. Warum ich zur Zielscheibe wurde? Ich nehme an, ich kam aus einem anderen Umfeld, brachte einen anderen Blickwinkel mit. Ich ging denen wohl grundsätzlich auf die Nerven... Ich hätte vorher nie gedacht, dass die Unternehmenskultur einen derart grossen Einfluss auf das Arbeitsklima haben kann. Ich war es gewohnt, dass man sich untereinander austauscht, dass man alle einbezieht, dass man weiss, was läuft.

Es waren vor allem drei Personen, die sich gegen mich stellten, andere hielten sich eher heraus, intervenierten aber auch nicht zu meinen Gunsten. Ich sprach mit niemandem im Betrieb über meine

Probleme, sondern suchte den Fehler bei mir und dachte, ich sei eben nicht gut genug, es müsse alles noch schneller gehen. Wahrscheinlich war das falsch, wahrscheinlich hätte ich einmal sagen müssen: «He, hallo, so könnt ihr nicht mit mir umspringen.» Aber dazu war ich schon zwei Monate nach Stellenantritt gar nicht mehr in der Lage. Das ging ganz schnell, man hat mir quasi den Teppich unter den Füssen weggezogen.

Mit der Zeit beherrschte ich die Arbeit natürlich, aber das wurde überhaupt nicht geschätzt. Ich wurde auch nach Monaten behandelt wie eine Anfängerin, die es einfach nicht bringt. Meine Teamkollegin, mit der ich eng zusammenarbeitete, wurde gefördert und gelobt. Sie bekam die interessanten Arbeiten zugeschanzt, während mir das Routinegeschäft blieb. Auf sie könne man sich eben verlassen...

«Mit der Zeit entwickelte ich einen regelrechten Verfolgungswahn.»

Im Grossraumbüro bekommt man alles mit: Wenn ich zum Beispiel jemandem eine Frage beantwortete, kam womöglich von hinten irgendwo der Kommentar: «Ja, wenn das sogar unsere Frau L. weiss...» Wenn ich gut «zwäg» bin und mit beiden Beinen auf dem Boden stehe, dann kann ich mit so etwas umgehen und es vielleicht sogar lustig finden. Aber ich war so kleingemacht worden, dass ich es nicht wegstecken konnte. Mit der Zeit entwickelte ich einen regelrechten Verfolgungswahn, witterte überall irgendetwas. Da ging unheimlich viel Energie drauf. Einerseits musste ich ja die Arbeit recht machen, andererseits hielt ich meine Ohren immer offen, ob wohl wieder jemand etwas auszusetzen habe.

Lange dachte ich mir, jemand müsse doch merken, was da abging. Ich erwartete, dass sich mal jemand hinstellen und sagen würde: «Wir müssen reden, wir haben ein Problem.» Aber nichts passierte. Nach zwei Jahren war mir klar, dass das so nicht weitergehen konnte. Aus meiner früheren sozialen Tätigkeit wusste ich, dass man sich manchmal im Leben Hilfe holen muss. Ich ging zu einer Psychologin, die mir eine Kollegin empfohlen hatte. Endlich konnte ich frei über meine Gefühle reden, ohne Angst zu haben, dass jemand meine Worte werten oder falsch auslegen würde. Die Psychologin half mir, mein Selbstbewusstsein wieder aufzubauen. Schon auf die zweite Sitzung hin bekam ich die Aufgabe, aufzuschreiben, was ich eigentlich alles kann.

«Ich lernte zu kontern und wurde plötzlich anders wahrgenommen.»

Dank dieser Beratung wurde ich schon nach wenigen Sitzungen wieder ich selber. Ich war ja schon so am Boden gewesen, hatte mich quasi ständig entschuldigt, dass es mich überhaupt gibt, und ebnete dadurch wahrscheinlich erst recht den Weg für weitere Attacken. Mit mir konnte mans ja machen. Aber damit war nun Schluss. Meine ganze Haltung begann sich zu verändern, mein Auftreten, ich lernte zu kontern und wurde plötzlich auch ganz anders wahrgenommen. Ich habe die Opferrolle abgelegt. Es ist schwierig, diesen Prozess zu beschreiben, aber es ging sukzessive besser.

Ich bin immer noch in diesem Betrieb und fühle mich wohl. Geholfen hat mir auch, dass ich auswärts eine andere Stelle hätte annehmen können, auf die ich mich beworben hatte. Ich hätte aber weniger verdient und entschied mich dann, zu bleiben. Ich traute mir nun zu, die Situation zu meistern. Etwa ein Jahr später habe ich während einer Aussprache in einem anderen Zusammenhang erwähnt, dass ich mich ausgegrenzt gefühlt und deshalb psychologische Hilfe in Anspruch genommen hatte. Da waren die anderen doch sehr erstaunt und betroffen. Als ich das sagte, ist etwas passiert, man begegnet mir seither mit mehr Respekt.

Ich rate allen, die in einer ähnlichen Situation sind, professionelle Hilfe zu holen. Allein hätte ich es wohl nie geschafft. Man muss die Möglichkeit haben, zu reden, zu erkennen, was abläuft und welche Rolle man selbst darin spielt. Geholfen hat mir auch, dass ich im Bekanntenkreis offen reden konnte, dass ich Freunde immer wieder mit meinen Geschichten belästigen durfte. Es ist ganz wichtig, dass man seine Probleme nicht einfach in sich hineinfrisst. Sonst explodiert man irgendwann oder wird ernsthaft krank.

2

Mobbing vorbeugen und stoppen

Wehret den Anfängen

Mobbingprozesse beginnen schleichend. Die französische Psychoanalytikerin Marie-France Hirigoyen nennt Mobbing «eine Gewalt der kleinen Treffer. Man sieht sie nicht und dennoch wirken sie ungemein zerstörerisch. Jeder Angriff für sich betrachtet ist eigentlich nicht schlimm – was die Gewalt ausmacht, ist die Häufung der winzigen Traumata.»

Wenn Mobbingopfer realisieren, was mit ihnen geschieht, sind sie oft bereits nicht mehr imstande, angemessen zu reagieren. Das Selbstbewusstsein ist am Boden, die Gesundheit angeschlagen. Fachleute betonen: Ist der Mobbingprozess einmal richtig angelaufen, wird es für die Betroffenen äusserst schwierig, sich aus eigener Kraft zu befreien. Denn jede Äusserung, jedes Bemühen um Verständigung kann von den Mobbern verdreht und zu Ungunsten des Opfers ausgelegt werden. Gegen wirkliche Bosheit ist kein Kraut gewachsen.

In der Anfangsphase eines Konflikts gibt es aber durchaus Möglichkeiten, Mobbing zu stoppen und Auseinandersetzungen konstruktiv beizulegen. Die Tipps auf den folgenden Seiten helfen Ihnen, die Situation einzuschätzen und erste Massnahmen zu ergreifen. Patentrezepte gibt es nicht. Suchen Sie sich diejenigen Ratschläge heraus, die der Situation und Ihrer Persönlichkeit entsprechen.

> **! TIPP** *Holen Sie unbedingt professionelle Hilfe, wenn Sie merken, dass Sie allein nicht weiterkommen, wenn Sie das Gefühl haben, immer wieder in ähnliche verfahrene Situationen zu geraten, und wenn Sie gesundheitliche Probleme bekommen. Wenden Sie sich an Ihre Hausärztin, einen Psychologen, eine Beratungsstelle (Adressen im Anhang).*

So können Sie vorbeugen

Unsere Arbeitswelt ist kälter und leistungsorientierter geworden. Kein Arbeitsplatz ist mehr sicher. Was zählt, ist die Arbeitskraft, nicht der Mensch. Stress und Leistungsdruck, aber auch die im modernen Büroalltag übliche E-Mail-Kultur erschweren es, die Arbeitskollegen richtig kennenzulernen. Anstatt die anfallenden Geschäfte im persönlichen Gespräch zu erörtern, werden kurze Infos und Weisungen per Mail verschickt. Und die heutigen Grossraumbüros sind für persönliche Gespräche auch nicht förderlich, da alle alles mitbekommen.

Pflegen Sie den Teamgeist
Versuchen Sie, Gegensteuer zu geben. Suchen Sie den persönlichen Kontakt. Schaffen Sie Situationen, in denen Nähe und Austausch möglich sind – zum Beispiel: «Wollen wir das Konzept nicht in Ruhe bei einer Tasse Kaffee besprechen?» Interessieren Sie sich für die Leute in Ihrer Firma, stellen Sie ihnen Fragen und hören Sie zu. Helfen Sie neuen Mitarbeitenden bei der Einarbeitung. Loben Sie Ihre Kolleginnen für gute Diskussionsbeiträge oder Arbeitsergebnisse. Ehrlich gemeinte Wertschätzung wirkt Wunder und ist in unserer Arbeitswelt viel zu selten.

Wenn Sie positiv auf Ihre Kolleginnen und Kollegen zugehen, wird es Ihnen auch leichter fallen, Konflikte anzusprechen oder eine eigene Schwäche einzugestehen. Wer dazugehört, wird weniger ausgegrenzt und findet im Konfliktfall eher Verbündete. Eine gute Integration ins Team ist das beste Mittel, Mobbinghandlungen vorzubeugen.

TIPP *Fühlen Sie sich mitverantwortlich für ein gutes Arbeitsklima. Schauen Sie nicht weg, wenn anderen Unrecht geschieht oder sich ein Kollege unangemessen verhält. Verhalten Sie sich solidarisch mit Ihren Teamkollegen. Gemeinsam ist man stärker.*

Halten Sie sich fit für den Arbeitsmarkt

Wer das Gefühl hat, dringend auf den Arbeitsplatz angewiesen zu sein und keine neue Stelle mehr zu finden, ist bei Mobbing besonders gefährdet. Halten Sie daher Ihre beruflichen Kenntnisse à jour und bilden Sie sich weiter, um auf dem Arbeitsmarkt attraktiv zu bleiben. Zeigen Sie sich flexibel, interessieren Sie sich für neue Projekte in Ihrer Firma und wehren Sie sich nicht gegen Veränderungen. Neuerungen bieten immer auch Chancen. Wenn Sie schon längere Zeit an der gleichen Stelle sind, lohnt es sich, ab und zu ein paar Bewerbungen zu starten, um den eigenen Marktwert zu testen und bewerbungstechnisch nicht aus der Übung zu kommen.

> **TIPP** *Pflegen Sie Ihr Netzwerk: Studienkollegen, Kunden, Geschäftspartnerinnen, Kontakte an Messen und Tagungen. Gute Beziehungen sind Gold wert, wenn es gilt, sich neu zu orientieren. Treten Sie Ihrer Gewerkschaft oder Ihrem Berufsverband bei. Diese bieten günstige Weiterbildung und Unterstützung bei Konflikten mit dem Arbeitgeber.*

Verlangen Sie Zwischenzeugnisse

Mobbing entsteht häufig als Folge von Chefwechseln und Umstrukturierungen. Verlangen Sie stets ein Zwischenzeugnis, wenn der bisherige Chef geht oder wenn Sie in eine andere Abteilung versetzt werden. Achten Sie darauf, dass regelmässig Qualifikationsgespräche durchgeführt und die Ergebnisse schriftlich festgehalten werden. Falls ein neuer Vorgesetzter plötzlich kein gutes Haar mehr an Ihnen lässt, sind diese Papiere wichtige Leistungsausweise. Zwischenzeugnisse sind ausserdem nützlich bei einer allfälligen Stellensuche.

Schaffen Sie einen Ausgleich zum Berufsleben

Sorgen Sie dafür, dass der Beruf für Sie nicht zum alleinigen Lebensinhalt wird. Achten Sie auf eine gesunde Balance zwischen Erwerbs-

und Privatleben. Pflegen Sie Ihren Freundeskreis und verschaffen Sie sich Erfolgserlebnisse und Abwechslung in Hobbys, Sport oder Vereinsarbeit. Konflikte am Arbeitsplatz lassen sich einfacher durchstehen, wenn der Beruf nicht der einzige Lebensmittelpunkt ist und man auch ausserhalb des Betriebs Anerkennung und Rückhalt findet.

Beachten Sie frühe Warnsignale

Mobbing läuft in Phasen ab. In der Fachliteratur ist von mehreren Etappen der Eskalation die Rede. In groben Zügen lässt sich der Ablauf folgendermassen schildern:

- Am Anfang stehen alltägliche Konflikte und Auseinandersetzungen, die nicht gelöst werden und zu Wegbereitern des eigentlichen Mobbings gegenüber einer Person oder Gruppe werden.
- Im weiteren Verlauf hat es der Arbeitgeber in der Hand, den Mobbingprozess entweder zu stoppen oder die Ausgrenzung der betroffenen Person sozusagen offiziell zu machen, indem er sie isoliert, abqualifiziert, gegen ihren Willen versetzt oder mit Kündigung bedroht. In dieser Phase kommt es auch zu Rechtsbrüchen, etwa zur Zuweisung einer vertraglich nicht vorgesehenen Arbeit oder zur Verletzung der Persönlichkeitsrechte.
- Am Ende eines «erfolgreichen» Mobbings steht jeweils der Ausschluss des Opfers, sei es durch Kündigung, langfristige Krankschreibung oder vorzeitige Pensionierung. Nicht selten ist der Ausschluss aus der Berufswelt definitiv, da die betroffene Person psychisch oder körperlich nicht mehr in der Lage ist, an einem neuen Arbeitsplatz Fuss zu fassen.

Vertrauen Sie Ihrer Wahrnehmung
Mobbingopfer betonen regelmässig, sie hätten lange gar nicht realisiert, was da gespielt wurde. Sie glauben an Zufälle oder denken, sie

würden überreagieren. Sie beginnen, an sich selbst zu zweifeln, oder versuchen, ihre Verletzungen zu verdrängen und tapfer weiterzumachen.

Doch genau dies ist verhängnisvoll. Je früher man die Konflikte erkennt und offen angeht, umso eher lässt sich Mobbing stoppen. Achten Sie daher auf frühe Warnsignale wie etwa kleine Ungereimtheiten, spitze Bemerkungen, das Vorenthalten von Informationen, ein allgemein frostiges Verhalten Ihnen gegenüber.

Sprechen Sie die Probleme an!
Grübeln Sie nicht nächtelang, weshalb sich der Kollege plötzlich so anders verhält, sondern fragen Sie ihn einfach. Möglicherweise ist alles ein Missverständnis oder Ihr Widersacher hat zurzeit familiäre Probleme und ist deshalb in gereizter Stimmung.

Erfahrungen zeigen, dass viele Täter sich gar nicht bewusst sind, was sie mit ihren dummen Sprüchen und Hänseleien anrichten. Wenn Sie der Person in einem ruhigen, sachlichen Gespräch klarmachen, was ihr Verhalten bei Ihnen auslöst, lässt sich die Situation unter Umständen rasch und gütlich bereinigen. Und selbst wenn böse Absicht dahintersteckt: Wenn Sie von Anfang signalisieren «mit mir nicht!», geben die Angreifer eventuell auf und lassen Sie in Ruhe.

Analysieren Sie die Situation

Konflikte und Reibereien gehören zum Arbeitsalltag. Wenn die Spannungen jedoch das übliche Mass übersteigen und Sie darunter zu leiden beginnen, sollten Sie sich Zeit nehmen, die Situation in aller Ruhe zu analysieren, zum Beispiel an einem Wochenende (siehe nebenstehende Checkliste).

Wichtig ist: Stützen Sie sich bei Ihrer Analyse der Probleme auf Fakten und Tatsachen. Unterscheiden Sie zwischen dem, was wirklich

CHECKLISTE: WAS GEHT AN MEINEM ARBEITSPLATZ VOR?

Beantworten Sie für sich die folgenden Fragen und schreiben Sie das Wichtigste auf:
- Was genau stört Sie an der jetzigen Situation?
- Welche Person macht Ihnen das Leben schwer? Sind mehrere beteiligt?
- Welches konkrete Verhalten der Kollegen, der Vorgesetzten empfinden Sie als belastend, schikanös, ungerecht, feindselig? Worunter leiden Sie besonders?
- Überprüfen Sie anhand der Checkliste auf Seite 25, ob Sie wirklich gemobbt werden.
- Wie ist die Rolle der anderen Kollegen? Wer schaut zu, wer macht mit? Prüfen Sie, ob Sie Verbündete haben.
- Erzählen Sie vertrauten Personen aus Ihrem Bekanntenkreis Ihre Erlebnisse so, als würden diese jemand anderen betreffen. Sehen Ihre Bekannten, Ihre Freunde und Freundinnen den Fall auch als Mobbing an?
- Wann haben die Schikanen begonnen? Gibt es einen konkreten Auslöser, etwa eine Umorganisation, einen Personalabbau? Was könnte sonst die Ursache sein?
- Haben Sie einen neuen Chef, dem Sie einfach nichts recht machen können? Könnte es sein, dass er Sie als Bedrohung für seine Autorität erlebt?
- Sehen Sie mögliche Lösungen – klärende Gespräche, einen Bürotausch oder eine Versetzung in eine andere Abteilung, Stellensuche?
- Gibt es jemanden im Betrieb, an den Sie sich wenden könnten – die nächsthöhere Vorgesetzte, den Sozialdienst, die Personalvertretung?
- Was ist Ihr nächster Schritt?

geschieht, und Ihren Interpretationen. Arbeiten Sie nicht mit Thesen und Vermutungen, was die Motive anderer Leute betrifft. Wie es einem gehen kann, wenn man versucht, das Verhalten anderer Leute zu interpretieren, schildert der in Österreich geborene Psychotherapeut und Kommunikationswissenschaftler Paul Watzlawick in seinem Buch «Anleitung zum Unglücklichsein» (siehe Literaturverzeichnis) in einem wunderbaren Beispiel:

EIN MANN WILL EIN BILD AUFHÄNGEN. Den Nagel hat er, nicht aber den Hammer. Der Nachbar hat einen. Also beschliesst unser Mann, hinüberzugehen und ihn auszuborgen. Doch da kommt ihm ein Zweifel: Was, wenn der Nachbar mir den Hammer nicht leihen will? Gestern schon grüsste er mich nur so flüchtig. Vielleicht war er in Eile. Aber vielleicht war die Eile nur vorgeschützt, und er hat etwas gegen mich. Und was? Ich habe ihm nichts angetan; der bildet sich da etwas ein. Wenn jemand von mir ein Werkzeug borgen wollte, ich gäbe es ihm sofort. Und warum er nicht? Wie kann man einem Mitmenschen einen so einfachen Gefallen abschlagen? Leute wie dieser Kerl vergiften einem das Leben. Und dann bildet er sich noch ein, ich sei auf ihn angewiesen. Bloss weil er einen Hammer hat. Jetzt reicht's mir wirklich. – Und so stürmt er hinüber, läutet, der Nachbar öffnet, doch bevor er «Guten Tag» sagen kann, schreit ihn unser Mann an: «Behalten Sie sich Ihren Hammer, Sie Rüpel!»

Führen Sie ein Tagebuch

Mobbing besteht aus vielen Einzelhandlungen, die man gar nicht alle in Erinnerung behalten kann. Schreiben Sie auf, was passiert: Ort, Zeit, Vorfall, Täter etc. Notieren Sie auch, wenn nichts geschieht oder wenn der Mobber krank oder in den Ferien ist (siehe Beispiel). Sam-

MOBBINGTAGEBUCH – EIN BEISPIEL

Datum / Uhrzeit	Vorfall	Meine Reaktion	Zeugen / Beweismittel	Bemerkungen
12.6., 9.30	S. verlangt Akte von mir, finde sie nicht. Nach meiner Pause steht S. neben meinem Pult, zieht Akte unter einem Stapel hervor, schimpft laut wegen meiner Sauordnung und Unzuverlässigkeit (S. hat Akte offensichtlich während meiner Pause bei mir versteckt).	Völlig perplex, bevor ich etwas sagen kann, ist S. laut schimpfend verschwunden.	F. hat gesehen, wie ich vorher genau unter dem Stapel erfolglos gesucht habe. Wäre bereit, das zu bestätigen.	A. und B. haben während der Schimpferei von S. blöd gekichert.
14.6., 16.15	…			
15.6., 8.00	…			
21.6., 12.15	…			

meln Sie schriftlichen Belege: E-Mails, Protokolle, schriftliche Weisungen, anonyme Botschaften etc.

Das Führen eines Tagebuchs ist aufwendig und erfordert Disziplin. Tun Sie es trotzdem. Es braucht kein literarisches Meisterwerk zu sein. Aussagekräftige Stichworte genügen. Lassen Sie wenn möglich Zeugen die Vorfälle durch Unterschrift bestätigen. Die Aufzeichnungen helfen Ihnen, den Überblick zu behalten und Ihre Gedanken zu ordnen. Ausserdem sind sie ein wichtiges Beweismittel für Gespräche mit den Widersachern und/oder Vorgesetzten. Auch wenn Sie rechtliche Schritte ins Auge fassen (siehe Kapitel 3), ist es unerlässlich, dass Sie belegen können, was wann wo wie abgelaufen ist.

> **TIPP** *Wählen Sie am besten ein gebundenes Notizbuch als Tagebuch. Wenn Sie lose Blätter in einem Ordner ablegen, könnte man Ihnen unterstellen, Sie hätten nachträglich etwas hinzugefügt oder abgeändert.*

Achten Sie auf den Informationsfluss

Die wichtige Sitzung findet ohne Sie statt, da man «vergessen» hat, Sie zu informieren. Ihre Berechnungen sind fehlerhaft, weil man Ihnen die neusten Zahlen vorenthält. Interessante Aufgaben, die in Ihr Ressort fallen, übernehmen andere; man hat Sie einfach übergangen. Informationen zurückzuhalten oder falsche, unvollständige Informationen weiterzugeben, ist eine besonders perfide Art, jemanden zu mobben. Die Betroffenen sind nicht mehr auf dem Laufenden, machen Fehler, wirken inkompetent und geraten so ins Abseits.

Werden Sie aktiv, wenn Sie feststellen, dass wichtige Informationen nicht mehr oder verspätet zu Ihnen gelangen:
- Notieren Sie die Vorfälle in Ihrem Mobbingtagebuch und versuchen Sie, abzuklären, wie es zu den Informationspannen gekommen ist.

- Verfassen Sie eine Mail ans ganze Team inklusive Chef, in der Sie auf die Versäumnisse aufmerksam machen und auf die Folgen fehlender Informationen für die ganze Abteilung hinweisen.
- Unterbreiten Sie Vorschläge, wie der Informationsfluss besser organisiert und wie Pannen in Zukunft vermieden werden können.
- Achten Sie darauf, dass Sie auf den wichtigsten Verteilern aufgeführt sind, und fragen Sie häufig nach, wenn Sie bestimmte Unterlagen erwarten oder entscheidende Termine anstehen.
- Sprechen Sie es an Sitzungen sofort an, wenn Sie merken, dass die anderen von Dingen reden, über die man Sie ganz offensichtlich nicht informiert hat.

TIPP *Behandeln Sie Vorfälle dieser Art zunächst so, als handle es sich um Missverständnisse oder Irrtümer. Wiederholen sie sich und sind Sie sicher, dass böse Absicht dahintersteckt, bleibt nichts anderes übrig, als die Übeltäter zur Rede zu stellen und sich notfalls an den Vorgesetzten zu wenden (siehe Seite 48 und 50).*

Nehmen Sie die eigene Rolle unter die Lupe

Wenn Sie sich mit Ihrer Situation auseinandersetzen, werden Sie nicht darum herumkommen, auch Ihre eigene Rolle kritisch zu hinterfragen. Liegt es eventuell auch an Ihrem Verhalten oder Ihrer Ausstrahlung, dass gerade Sie zum Angriffsziel wurden? Haben Sie jemanden verärgert, ohne es zu merken? Wissen Sie, wie Sie auf andere wirken und wie Sie von anderen eingeschätzt werden? Ihr Selbstbild stimmt möglicherweise nicht mit dem überein, was andere von Ihnen denken.

Bitten Sie gute Bekannte oder auch Fachleute um ein Feedback. Sie sollen Ihnen sagen, wie sie Sie in bestimmten Situationen – beispielsweise unter Stress – beschreiben würden. Überprüfen Sie auch Ihre

Stellung im Team. Fühlten Sie sich bisher gut integriert? Was genau könnte es sein, das Sie zum Aussenseiter macht? Haben Sie sich an dieser Stelle überhaupt je wirklich wohlgefühlt?

All diese Fragen sollten Sie sich in Ruhe stellen. Überlegen Sie sich mögliche Konsequenzen und wie Sie allenfalls Ihr eigenes Verhalten oder Ihre Rolle im Team verändern können.

INFO *Beim Hinterfragen der eigenen Rolle geht es keinesfalls um Schuldzuweisungen. Selbst wenn Sie Fehler gemacht haben oder Schwächen aufweisen – wie jeder andere Mensch auch –, haben Sie es nicht «verdient», beleidigt, schikaniert und ausgegrenzt zu werden. Niemand hat das verdient.*

Legen Sie den Opferstatus ab
Mobbingopfer verhalten sich in ihrer Verzweiflung oft so, dass sie weitere Attacken begünstigen: Sie geben sich unterwürfig, überangepasst oder ziehen sich völlig zurück und geraten dadurch noch mehr ins Abseits. Auch bisher selbstbewusste Menschen finden sich plötzlich in einer Opferrolle, wie das Beispiel von Laura L. auf Seite 27 zeigt.

Überprüfen Sie kritisch, wie Sie auf die Mobbingattacken reagieren: Versuchen Sie, die Opferrolle abzulegen. Gegen die Angriffe können Sie vielleicht nichts machen. Wie Sie darauf reagieren, entscheiden aber Sie ganz allein. Fragen Sie sich:

- Wie kann ich anders reagieren als bisher – vielleicht das Gegenteil von dem tun, was die Mobber offenbar erwarten?
- Was sind die möglichen Konsequenzen?
- Was hindert mich daran, mich zu wehren? Wovor habe ich Angst?
- Rufen Sie sich Ihre Stärken und Fähigkeiten in Erinnerung: Denken Sie an Erfolge im Beruf oder während der Ausbildung. Lesen Sie Ihre guten Zeugnisse. Machen Sie sich klar, dass Sie jemand sind und etwas zu bieten haben.

BELEIDIGUNGEN, PROVOKATIONEN – SO REAGIEREN SIE RICHTIG

«Die eleganteste Art, dem Gegner die Zähne zu zeigen, ist ein Lächeln.» (Werner Finck, deutscher Kabarettist) Hier ein paar geeignete Strategien:

Ignorieren und / oder ablenken
- Nicht immer lohnt sich die Mühe, auf Angriffe zu reagieren. Schweigen ist mitunter tatsächlich Gold.
- Als Alternative benutzen Sie eine kurze, nichtssagende Floskel: «Was du nicht sagst» – «Aber, aber» – «Wars das?»
- Wechseln Sie sofort das Thema.

Rückfragen
- Wer fragt, führt. Fragen Sie den Angreifer, was er meint: «Wie kommen Sie zu dieser Behauptung?» – «Was erwarten Sie jetzt von mir?»
- Greifen Sie ein Wort auf und fragen Sie nach. Sagt er: «Sie haben ja keine Ahnung», antworten Sie: «Was für Ahnungen sollte ich denn haben?»
- Orten Sie das Problem beim Angreifer. Auf den Vorwurf: «Die Idee ist völlig hirnrissig, das funktioniert niemals», zum Beispiel mit: «Darf ich Ihnen die wichtigsten Punkte nochmals in aller Ruhe erläutern?»
- Machen Sie den Angriff selbst zum Thema: «Wieso sind Sie so aggressiv?» – «Können wir das nicht in Ruhe besprechen?»

Zustimmen
- Lassen Sie den Angriff ins Leere laufen, indem Sie einfach zustimmen. Zum Beispiel: «Schöner hätte ich das auch nicht formulieren können.»
- Übertreiben Sie die Zustimmung ins Absurde. Auf: «Sie haben offenbar zugenommen», antworten Sie zum Beispiel: «Ja, ich freue mich auch. Noch zwei Kilo und ich passe wieder in meinen Konfirmationsanzug.»
- Nehmen Sie den Angriff als Kompliment. Auf: «Sie sind nicht teamfähig!», antworten Sie: «Stimmt. Ich übernehme gern Verantwortung.»

TIPP *Achten Sie auf die Körpersprache. Wer mit hängenden Schultern und gesenktem Blick durch die Gänge schleicht, erscheint schon rein äusserlich als Opfer. Halten Sie sich gerade, heben Sie den Kopf und schauen Sie den Gegnern in die Augen. Beobachten Sie Leute, die Sie für selbstbewusst und erfolgreich halten. Wie treten sie auf? Wie bewegen sie sich? Versuchen Sie, von ihnen zu lernen.*

Lernen Sie zu kontern

«Schlagfertigkeit ist etwas, worauf man erst 24 Stunden später kommt», wusste bereits der amerikanische Schriftsteller Mark Twain. Nicht jedem ist es gegeben, fiesen Angreifern mit einem treffenden Wort den Wind aus den Segeln zu nehmen. Gehören Sie auch zu den Menschen, denen jeweils um drei Uhr nachts die richtige Entgegnung auf eine üble Provokation einfällt? Lassen Sie sich zu unbedachten Äusserungen hinreissen? Oder neigen Sie dazu, sich ständig wegen allem und jedem zu rechtfertigen?

Daran kann man arbeiten. Es gibt Techniken, wie man Beleidigungen und unsachlicher Kritik wirksam begegnet, ohne aggressiv zu werden oder nun selbst den anderen niederzumachen (siehe Kasten auf Seite 49). Vielleicht hilft Ihnen die Aussage des Philosophen und Schriftstellers Jean-Jacques Rousseau: «Beleidigungen sind die Argumente derer, die unrecht haben.»

TIPP *Überlegen Sie sich, ob Sie nicht einen Kurs in Rhetorik oder Verhandlungstechnik oder ein Selbstbehauptungstraining besuchen wollen. Tipps, wie Sie schlagfertiger werden können, finden Sie auch im Internet unter www.rhetorik.ch (→ Fachartikel Inhaltsverzeichnis A–Z → Schlagfertigkeit) oder www.schlagfertigkeit.com.*

Aussprache statt Eskalation

Angriffe, unsachliche Kritik, abschätzige Bemerkungen verletzen und machen wütend. Die Versuchung ist gross, zurückzuschlagen und den Gegner nun ebenfalls anzugreifen. Gewinnen werden Sie dadurch allerdings nichts. Gegenangriffe tragen bloss zur Verschärfung der Situation bei.

Untersuchungen des Psychologen Dieter Zapf, Professor an der Universität Frankfurt, haben ergeben, dass Arbeitnehmer, die eine Mobbingsituation in den Griff bekommen und positiv verändern konnten, dies vor allem dadurch erreichten, dass sie alle Schritte vermieden, die zu einer weiteren Eskalation des Konflikts hätten führen können. Diese Personen zogen für sich eine klare Grenze und entschlossen sich, konsequent aus «dem bösen Spiel» auszusteigen.

Bilden Sie keine «Gegenstreitmacht», sondern geben Sie sich versöhnlich. Bleiben Sie höflich in Ihrer Wortwahl und lassen Sie sich nicht auf das Niveau Ihrer Angreifer herab. Achten Sie darauf, dass Sie Ihre Pflichten weiterhin korrekt nach bestem Wissen und Gewissen erledigen. Sonst riskieren Sie, dass anstelle des Mobbings plötzlich Ihr eigenes Verhalten und Ihre Versäumnisse zum Thema werden.

Lassen Sie sich vorübergehend krankschreiben, um neue Kräfte zu tanken – auf jeden Fall dann, wenn Sie merken, dass Sie die Leistung nicht mehr erbringen können und anfangen, vermehrt Fehler zu machen. Suchen Sie professionelle Hilfe.

INFO *Es ist heikel, sich als Mobbingopfer mit seinen Problemen an Arbeitskollegen zu wenden. Wissen Sie, wem Sie wirklich vertrauen können? Von Mobbing Betroffene können nur selten auf die Solidarität der Kollegen zählen. Sie müssen* damit rechnen, dass sich auch vertraute Personen in der Firma plötzlich zurückziehen, weil sie Angst haben, ebenfalls zur Zielscheibe zu werden. *Suchen Sie Rat und Unterstützung ausserhalb Ihrer Abteilung und des Betriebs (Adressen finden Sie im Anhang).*

Das Gespräch mit den Widersachern

Konflikten auszuweichen, ist im beruflichen Alltag auf die Dauer keine taugliche Lösung. Suchen Sie das Gespräch mit Ihren Widersachern. Wenn die Situation nicht zu festgefahren und die Ursache des Konflikts noch nachvollziehbar ist, besteht eine Chance, dass Sie sich mit Ihren Gegnern aussöhnen können.

TIPP *Es ist wichtig, dass Sie alles versuchen, um das Mobbing gütlich zu beenden, auch im Hinblick auf allfällige rechtliche Schritte. Sie haben schlechte Erfolgsaussichten, wenn die Gegenpartei geltend machen kann, Sie hätten nie das Gespräch gesucht oder dieses sogar verweigert.*

Am richtigen Ort zur richtigen Zeit

Sorgen Sie dafür, dass die Aussprache nicht im Lift oder Gang, sondern in Ruhe stattfindet und dass sich die Gegenseite nicht mit dem Hinweis, keine Zeit zu haben, rasch davonmachen kann. Kündigen Sie Ihren Gesprächswunsch an; so fühlt sich niemand überfahren. Sprechen Sie offen an, was Sie stört, und schildern Sie, was die Feindseligkeiten in Ihnen auslösen. Betonen Sie, dass Sie jederzeit bereit sind, Probleme zu besprechen und auch konstruktive Kritik zu akzeptieren, dass Sie aber auf einem anständigen Ton und fairen Umgangsformen bestehen.

Nicht immer werden solche Gespräche zum Erfolg führen. Dann bleibt Ihnen nichts anderes übrig, als sich an die nächsthöhere Stelle

TIPPS FÜRS KONFLIKTGESPRÄCH

- Sprechen Sie die Probleme offen an. Definieren Sie, worum es geht.
- Denken Sie an Ihre Körpersprache. Bleiben Sie ruhig, sprechen Sie nicht zu hastig und signalisieren Sie der Gegenpartei, dass Sie nicht Krieg wollen, sondern Lösungen.
- Fordern Sie die Gesprächspartnerin zu einer Stellungnahme auf: «Ich habe den Eindruck, dass unsere Kommunikation schwer gestört ist. Wie sehen Sie das?»
- Lassen Sie auch den anderen ausreden und hören Sie ihm zu. Je besser Sie seine Beweggründe kennen, umso wirkungsvoller können Sie selbst argumentieren.
- Vermeiden Sie Missverständnisse. Fragen Sie nach, wenn Sie etwas nicht verstehen oder mit unhaltbaren Vorwürfen konfrontiert werden: «Sie sind also der Auffassung, dass ...» – «Können Sie mir an einem Beispiel erklären, was Sie meinen?» – «Meinst du das jetzt persönlich oder geschäftlich?» Versuchen Sie, mit eigenen Worten zu formulieren, worum es dem anderen Ihrer Meinung nach geht.
- Überhäufen Sie Ihr Gegenüber nicht mit Vorwürfen, sondern reden Sie über Ihre Gefühle in Ich-Botschaften: «Es ärgert mich, dass ...» – «Ich fühle mich übergangen, wenn ...» – «Ich erlebe die Situation so ...»
- Lassen Sie sich Zeit mit Ihren Antworten. Schweigen Sie lieber ein paar Sekunden, als sich zu einer unbedachten Äusserung hinreissen zu lassen. Wenn Sie von Angriffen überrumpelt werden, sagen Sie ruhig, dass das für Sie neu ist und Sie Zeit brauchen, um darüber nachzudenken.
- Wenn das Gespräch in gegenseitige Beschuldigungen ausartet, ist es sinnvoll, sich auf einen neutralen Schlichter zu einigen oder einen Coach beizuziehen.
- Machen Sie Lösungsvorschläge und fragen Sie auch die Gesprächspartnerin, wie es ihrer Meinung nach weitergehen soll. Halten Sie Abmachungen schriftlich fest und lassen Sie sie allen Beteiligten zukommen.

zu wenden. Sie können dem Mobber auch einen Brief schreiben, eventuell mit Kopie an den Vorgesetzten. Beachten Sie dabei die Tipps auf Seite 94 – sie sind auch für Mobbing anwendbar.

Beim Vorgesetzten Unterstützung holen

Ihr Arbeitgeber ist von Gesetzes wegen verpflichtet, Sie vor Mobbing zu schützen (mehr dazu in Kapitel 3). Wenden Sie sich daher an Ihren direkten Vorgesetzten, wenn sich Konflikte im Team nicht gütlich bereinigen lassen. Ist der Chef selbst der Übeltäter, gelangen Sie an den nächsthöheren Vorgesetzten oder an die Personalabteilung und bitten um einen Gesprächstermin. Grössere Firmen verfügen oft über eine spezielle Anlaufstelle für solche Fälle. Sie können auch ein Gespräch zu dritt, mit dem Mobber, verlangen.

Verweigert der Vorgesetzte das Gespräch oder werden die Termine ständig verschoben, schreiben Sie ihm einen Brief, in dem Sie auf einen Gesprächstermin pochen (Muster im Anhang).

Vielen Führungskräften ist es lästig und unangenehm, mit zwischenmenschlichen Problemen konfrontiert zu werden. Sie neigen dazu, die Vorfälle zu bagatellisieren und die Betroffenen mit vagen Zusicherungen zu beschwichtigen. Bereiten Sie sich deshalb gut auf das Gespräch vor und nehmen Sie Ihre schriftlichen Notizen mit. Schildern Sie ruhig und sachlich, was Ihnen widerfahren ist: Wer hat wann was gemacht, gesagt? Wie haben Sie reagiert und was haben Sie dabei empfunden? Vermeiden Sie Pauschalvorwürfe und emotionale Ausbrüche. Zeigen Sie sich lösungsorientiert und zukunftsgerichtet. Machen Sie deutlich, dass eine konstruktive, faire Zusammenarbeit im Interesse der ganzen Firma liegt.

BUCHTIPP

Viele praxisnahe Tipps, gerade auch für schwierige Gespräche, finden Sie in diesen Beobachter-Ratgebern: **So meistern Sie jedes Gespräch** und **Besser verhandeln im Alltag**.
www.beobachter.ch/buchshop

SO GEHEN SIE MIT VORWÜRFEN UM

Überlegen Sie schon vor dem Treffen mit dem Chef, mit welchen Argumenten und eventuellen Vorwürfen Sie von Arbeitgeberseite rechnen müssen, und bereiten Sie mögliche Entgegnungen vor. Beachten Sie im Gespräch folgende Punkte:

- Weisen Sie nicht alle Argumente des Vorgesetzten einfach kategorisch von sich. Es schadet Ihnen nicht, wenn Sie tatsächliche Schwächen eingestehen und signalisieren, dass Sie bereit sind, an sich zu arbeiten.
- Akzeptieren Sie aber keine vagen Anschuldigungen und Verallgemeinerungen. Verlangen Sie Fakten und Beispiele. Was genau haben Sie falsch gemacht? Was erwartet man konkret von Ihnen? Fragen Sie den Chef: «Was hätten Sie an meiner Stelle getan?»
- Verlieren Sie sich nicht in Rechtfertigungen, wenn man Ihnen zu Recht Fehler vorhält. Reagieren Sie lösungsorientiert: «Da ist tatsächlich etwas schiefgelaufen, spätestens übermorgen haben Sie die korrekten Zahlen auf dem Tisch.» Oder: «Ich werde das oder jenes unternehmen, damit das nicht mehr vorkommt.»
- Wenn Sie plötzlich zu Unrecht massiv schlechtere Qualifikationen erhalten, haben Sie Möglichkeiten, sich zu wehren (mehr dazu lesen Sie auf Seite 83).

TIPP *Wenn Sie unsicher sind, wenden Sie sich an eine Beratungsstelle und bereiten sich dort mit der Hilfe einer Fachperson auf ein wichtiges Gespräch vor. Möglicherweise wird man Sie sogar begleiten.*

Das bringt ja sowieso nichts

Vielleicht versprechen Sie sich nicht viel von der Unterredung, da Sie Ihren Chef und seine Einstellung kennen. Versuchen Sie es trotzdem, schon aus taktischen Gründen. Laut einem Urteil des Arbeitsgerichts

Zürich müssen von Mobbing betroffene Mitarbeiter dies dem Arbeitgeber anzeigen und ihn an seine Fürsorgepflicht erinnern. Wer die Missstände nicht zur Sprache bringt, kann später – falls es zu einer Kündigung kommt – keine Forderungen mehr stellen.

> **TIPP** *In Kapitel 3 finden Sie einen Überblick über die gesetzlichen Schutzbestimmungen, die für Sie als Angestellte gelten. Studieren Sie diese vor dem Gespräch und berufen Sie sich darauf.*

Nach dem Gespräch
Am Ende des Gesprächs sollten Sie wissen, wie es jetzt weitergeht. Lassen Sie sich nicht auf die Reorganisation vertrösten, die irgendwann vielleicht einmal geplant ist. Es ist wichtig, dass die Ergebnisse schriftlich festgehalten werden. Wenn Ihr Chef das nicht tun will, erstellen Sie selbst ein Beschlussprotokoll und händigen es ihm aus oder lassen es sogar gegenzeichnen.

Wenn der Chef mobbt

Eine Studie des Seco hat ergeben, dass es in über 50 Prozent der Fälle Vorgesetzte sind, die mobben. Auch ausländische Untersuchungen zeigen, dass die Täter überdurchschnittlich häufig Führungspersonen sind. Die Betriebswirtschafterin Eva-Maria Aulich hat in einer Studie an der Universität Zürich herausgefunden: Nicht die fähigsten Mitarbeiter kommen am ehesten beruflich weiter, sondern Leute, die sich am stärksten selbst überschätzen. Fazit der Wissenschaftlerin: «Wer denkt, er könne mehr, als er tatsächlich kann, hat die grössten Chancen auf eine Beförderung.» Häufige Mobber sind denn auch inkompetente, schwache Chefs, die sich durch fähige Untergebene in ihrer Autorität bedroht fühlen.

DIE JOURNALISTIN ILONA H. WEISS GENAU, wann ihr Chef begonnen hat, sie zu schikanieren. «Ich habe von früheren Tätigkeiten her und auch privat viele Kontakte. Und so wurde ich eingeladen, in einer Sektion des Rotary Clubs über meine Arbeit und unsere Zeitung zu berichten. Mein Chef hat das gar nicht goutiert und war wohl beleidigt, dass man nicht ihn angefragt hatte. Danach war ich auf seiner Abschussliste. Er hat mich torpediert, wo er nur konnte.»

Achtung, neuer Chef!
Wenn es am Beobachter-Beratungstelefon um Mobbing geht, ist auffallend oft ein neuer Chef der Schuldige. Jahrelang sei man mit ihren Leistungen bestens zufrieden gewesen, berichten die Ratsuchenden. Doch unter dem neuen Vorgesetzten ist alles anders: Jede Kleinigkeit wird kritisiert, bewährte Arbeitsabläufe werden infrage gestellt. «Ich kann ihm nichts recht machen, er wollte mich von Anfang an weghaben», ist eine häufig gehörte Klage. Ein Paradebeispiel, wie das ablaufen kann, liefert der Erfahrungsbericht von Brigitte R. auf Seite 110.

TIPP *Verlangen Sie vor jedem Chefwechsel ein Zwischenzeugnis. Sollte der «Neue» an Ihrer Arbeit nur noch herumkritisieren und gar nichts mehr gelten lassen, was Sie tun, können Sie damit beweisen, dass man bisher mit Ihnen zufrieden war.*

Es gibt mehrere Gründe, weshalb Chefwechsel eine heikle Angelegenheit sind. Veränderungen lösen Ängste und Widerstände aus. Beide Seiten – der Chef und seine Untergebenen – müssen sich neu «zusammenraufen», ihre Rollen erst finden. Wenn man dann in der Angewöhnungsphase nicht aufeinander zugeht, Probleme nicht anspricht und die gegenseitigen Erwartungen nicht klärt, sind Konflikte programmiert, wobei der Chef kraft seines Amtes am längeren Hebel sitzt. Viele frisch Beförderte stehen auch unter einem enormen Druck

VOM UMGANG MIT DEM NEUEN CHEF

- Gehen Sie offen auf den Neuen zu, ohne Vergangenem nachzutrauern.
- Denken Sie daran, dass auch er oder sie sich in einer Stresssituation befindet, sich erst einarbeiten muss und dabei auf Unterstützung angewiesen ist.
- Profilieren Sie sich nicht als Bedenkenträger und Bremserin. Äusserungen wie «Das machen wir aber immer anders» sind nicht sehr konstruktiv. Versuchen Sie, die Zukunft mitzugestalten. Bringen Sie Vorschläge ein. Melden Sie sich für Arbeitsgruppen, die neue Ideen und Projekte vorantreiben sollen.
- Setzen Sie sich mit dem neuen Vorgesetzten auseinander. Wie «tickt» er, was will er erreichen? Steht er unter Druck von oben? Googeln Sie ihn, so erfahren Sie einiges über seine Person und seinen Werdegang. Je besser Sie ihn einschätzen können, umso eher finden Sie den «Rank» mit ihm.
- Wirkt die neue Chefin eher zurückhaltend oder gar abweisend? Dann suchen Sie frühzeitig das Gespräch. Erklären Sie, dass Ihnen eine gute Zusammenarbeit wichtig ist. Sie würden daher gern wissen, was sie genau von Ihnen erwartet.
- Sprechen Sie Probleme offen und ehrlich an und fragen Sie nach, wenn etwas unklar ist.
- Mäkelt die Neue an allem herum? Dann beachten Sie die Tipps im Kasten auf Seite 51.

ihrer eigenen Vorgesetzten, rasch Resultate zu bringen und Neues zu realisieren. Viele sind überfordert, geben den Druck weiter und kommunizieren schlecht. Wer nicht sofort mitzieht oder Bedenken äussert, wird als Gegner wahrgenommen und riskiert, ausgegrenzt und weggemobbt zu werden. Oft stimmt auch einfach die Chemie nicht zwischen der neuen Chefin und der Assistentin des Vorgängers oder ein junger Chef lehnt Untergebene ab, die deutlich älter sind als er. Viele (neue) Chefs im unteren und mittleren Kader haben nicht die Kompetenz, einem Mitarbeiter, der ihnen nicht passt, einfach zu kündigen. Sie müssten diesen Schritt nach oben begründen. Und so werden oft bisher gute Mitarbeiter, denen man beim besten Willen nichts vorwerfen kann, zur Zielscheibe unfairer Machenschaften.

TIPP *Ob Sie bei einem neuen Chef gut ankommen, hängt nicht nur von Ihnen ab. Zu einer guten Ausgangslage können Sie jedoch wesentlich beitragen. Wie, das sehen Sie im nebenstehenden Kasten.*

Schwieriges Machtgefälle
Machen wir uns nichts vor: Wenn Ihr Chef Sie mobbt, haben Sie keine guten Karten. Grundsätzlich empfiehlt sich das gleiche Vorgehen, wie wenn das Mobbing von Kolleginnen und Kollegen ausgeht. Nützen Gespräche nichts, wenden Sie sich an den nächsthöheren Vorgesetzten oder an den betrieblichen Sozialdienst. Trotzdem ist die Situation eine andere, da ein klares Machtgefälle besteht. Wenn Ihr Chef in der Firma anerkannt ist, wenn die Zahlen in seiner Abteilung stimmen, wird man sich eher von Ihnen als von ihm trennen.

In einem solchen Fall sollten Sie die Situation nüchtern analysieren. Sie werden Ihren Chef nicht ändern. Prüfen Sie, ob es noch Möglichkeiten zur Versöhnung gibt oder ob Sie Wege sehen, sich mit der Situation zu arrangieren. Wenn nicht, sollten Sie sich und Ihre Gesundheit schützen und eine Neuorientierung ins Auge fassen.

INFO *Wenn Ihr Chef Sie mobbt, kann es sein, dass Ihr Arbeitsvertrag verletzt wird. Wenn Sie zum Beispiel nur noch untergeordnete Arbeit erledigen müssen, können Sie sich dagegen wehren. Auch ungerechte Qualifikationen müssen Sie sich nicht gefallen lassen. Mehr darüber erfahren Sie in Kapitel 3.*

Moderne Gefahr: Cyber-Mobbing

Computer, E-Mail, Internet werden immer häufiger missbraucht, um Mitmenschen zu schikanieren und blosszustellen. In den modernen Bürowelten, wo Computer oft auch unbeaufsichtigt allein gelassen werden, ist es ein Leichtes, Dokumente und Mails eines Mobbingopfers zu manipulieren, zu löschen oder auszuspionieren. Es sollte daher eine Selbstverständlichkeit sein, dass Sie Ihren PC und spezielle Dokumente mit einem Passwort schützen – vor allem, wenn Sie sich vom Arbeitsplatz entfernen. Wählen Sie Passwörter, die nicht jeder, der Sie kennt, leicht herausfinden kann (keine Geburtsdaten oder Namen von Angehörigen). Drucken Sie Beweise für Manipulationen aus und wenden Sie sich an Ihren Vorgesetzten oder den IT-Support.

> **TIPP** *Ob Ihr Passwort leicht zu knacken ist, können Sie online testen unter www.datenschutz.ch (→ Passwortcheck). Ausserdem finden Sie unter dieser Adresse weitere Informationen zur Computersicherheit, zum Beispiel Checklisten für die Einstellungen der «Privacy» auf Facebook (→ Publikationen).*

Im Internet an den Pranger gestellt
Zurzeit grassiert das Problem vor allem unter Jugendlichen, aber auch am Arbeitsplatz kann man zum Opfer werden: Die Rede ist von Cyber-Mobbing, auch Cyber-Bullying genannt. Opfer werden via Mail, SMS, Instagram und auf Facebook beleidigt, bedroht oder lächerlich gemacht. Dabei werden nicht selten peinliche, womöglich manipulierte Bilder und Filmchen ins Netz gestellt. Gerüchte werden verbreitet, falsche Identitäten aufgebaut oder gefakte Profile auf sozialen Netzwerken erstellt, die die Opfer in üblem Licht erscheinen lassen.

Cyber-Mobbing ist besonders fies und hat noch verheerendere Auswirkungen als «normale» Gehässigkeiten, die sich in den vier Wänden eines Büros abspielen. Demütigende, entwürdigende Veröffentlichungen im Internet sind aller Welt zugänglich; sie zu entfernen, ist äusserst schwierig. In der Anonymität des Web können auch feige Menschen, die eine offene Auseinandersetzung scheuen würden, ihre niederen Instinkte ausleben. Eine Möglichkeit, zu fliehen, gibt es nicht. Es sind bereits mehrere Fälle von Cyber-Mobbingopfern bekannt geworden, die in ihrer Not keinen anderen Ausweg sahen, als sich das Leben zu nehmen.

So schützen Sie sich vor Angriffen
Beim Cyber-Mobbing gilt ganz besonders: Vorbeugen ist besser als sich nachträglich wehren.
- Geben Sie im Internet keine persönlichen Daten preis. Vorsicht bei Fotos und Filmen. Das «lustige» Partyfoto, auf dem Sie leichtgeschürzt auf den Tischen tanzen, kann von jedermann kopiert, aus dem Zusammenhang gerissen und beliebig weiterverbreitet werden.
- Seien Sie zurückhaltend, was Facebook-Freundschaften mit Arbeitskollegen oder Vorgesetzten betrifft. Nutzen Sie die Möglichkeiten, auf sozialen Netzwerken Ihre Privatsphäre zu schützen.
- Haben Sie einen Verdacht auf Cyber-Mobbing? Googeln Sie sich selber, um allfällige negative Einträge zu finden. Suchen Sie zudem konkret nach Fotos, Videos und Einträgen in Blogs. Wiederholen Sie das Ganze auch mit weiteren Suchmaschinen, zum Beispiel yahoo.com, search.ch und mit speziellen Personen-Suchmaschinen wie pipl.com, yasni.ch oder 123people.ch.
- Sammeln Sie Beweise für Angriffe und Persönlichkeitsverletzungen: Löschen Sie belästigende Mails und Whatsapp-Nachrichten nicht. Speichern Sie Internetseiten, die unerwünschte Einträge über Sie enthalten. Finden Sie heraus, wer dahintersteckt (Kontaktdaten, Mailadresse des Betreibers). Unter www.nic.ch können Sie die Betreiber von Schweizer Internetadressen ausfindig machen (→ Domain-Namen-Suche).

Wenn Sie wissen, wer hinter einem unerwünschten Interneteintrag steckt, können Sie in einem eingeschriebenen Brief die Entfernung der betreffenden Inhalte verlangen. Rufschädigende Einträge können Sie auch dem Betreiber der Website oder des sozialen Netzwerks melden und Löschung verlangen. Suchen Sie auf den betreffenden Seiten nach Kontakt oder Reklamationsmöglichkeiten oder klicken Sie auf «Hilfe» (siehe auch Kasten).

Cyber-Mobbing ist strafbar
Wer andere an den digitalen Pranger stellt und beleidigt, kann wegen Ehrverletzung bestraft werden (siehe auch Seite 99). In St. Gallen wurde eine Frau zu einer Busse verurteilt, weil sie einen Mann auf Facebook beschimpft hatte.

DIE 19-JÄHRIGE BEZEICHNETE den Gegner eines Kulturlokals auf Facebook als «Seckel» und «truurige Mensch». Der Beschuldigte erstattete Strafanzeige. Der Untersuchungsrichter kam zum Schluss, dass die Jugendliche den Mann im Internet beschimpft hatte. Er verfügte eine bedingte Geldstrafe von sieben Tagessätzen à 30 Franken und 100 Franken Busse.

HIER KÖNNEN SIE EINTRÄGE LÖSCHEN LASSEN
- www.facebook.com (→ Hilfe → geistiges Eigentum)
- www.myspace.com/help
- www.xing.com/help
- www.youtube.com (→ Datenschutz)
- www.google.com/support (→ Websuche → Fehler beheben & Entfernung beantragen → Informationen aus Google entfernen)

Tragen Sie Ihrer Gesundheit Sorge

Um sich erfolgreich gegen Mobbing behaupten zu können, brauchen Sie in erster Linie eine gute physische und psychische Konstitution. Treffen Sie Massnahmen zum Schutz Ihrer Gesundheit.

Besonders wichtig: Lassen Sie die Vorfälle nicht zu nahe an sich herankommen und versuchen Sie, sie nicht persönlich zu nehmen. Halten Sie sich vor Augen, dass Sie nicht die einzige Person sind, die gemobbt wird. Es kann jedem und jeder passieren.

MOBBINGOPFER VERA M. ERINNERT SICH: «Als ich meinem Psychiater mein Leid klagte, meinte er, ich solle die Sache nicht zu tragisch nehmen. Es sei nur ein Job. Ich war wütend. Meine Arbeit war viel mehr für mich als nur ein Job. Es ging um meinen Lebensinhalt. Doch dann half mir dieser Satz, die ganze Mobbinggeschichte in den richtigen Proportionen zu sehen. Ich hängte mir Zettel am Kühlschrank, im Badezimmer und über dem Nachttischchen auf: ‹Es ist nur ein Job›. Ich begann einzusehen, dass mein Psychiater recht hatte.»

Kraft schöpfen in der Freizeit

Verkriechen Sie sich nicht. Suchen Sie Rückhalt in der Familie und im Freundeskreis. Reden Sie mit vertrauten Personen über Ihre Probleme und hören Sie sich ihre Sicht der Dinge an. Oft wirkt es bereits Wunder, wenn man sich alles Leid von der Seele reden kann. Holen Sie sich zusätzlich Rat bei Fachpersonen.

Konzentrieren Sie sich in Ihrer Freizeit auf Aktivitäten, die Ihnen Spass machen und bei denen Sie sich in einem wohlgesinnten Umfeld bewegen. Lenken Sie sich mit den erfreulichen Dingen des Lebens ab, planen Sie die nächsten Ferien, gesellige Anlässe, kulturelle Veranstaltungen – einfach etwas, das Ihnen Lebensfreude und Entspannung bringt und verhindert, dass Ihre Gedanken ununterbrochen um die Situation in der Firma kreisen.

Wenn Sie gesundheitliche Probleme haben, reden Sie Klartext mit Ihrer Ärztin. Sie muss wissen, was Sie am Arbeitsplatz durchmachen, um Ihre Beschwerden richtig einzuordnen. Allerdings sind noch längst nicht alle Hausärzte mit der Mobbingproblematik vertraut. Wenn Sie den Eindruck haben, nicht auf das nötige Verständnis zu stossen, wenden Sie sich an eine Beratungsstelle und bitten Sie um die Adresse eines Arztes, der Erfahrung mit Mobbingfällen hat.

! **INFO** *Wenn Sie es gar nicht mehr aushalten, besteht die Möglichkeit, sich vorübergehend krankschreiben zu lassen. Worauf Sie in diesem Zusammenhang achten sollten und welche Rechte und Pflichten Sie während der Arbeitsunfähigkeit haben, erfahren Sie in Kapitel 4.*

Kämpfen oder fliehen?

Wenn eine gütliche Beilegung der Zwistigkeiten auch mit der Hilfe von Aussenstehenden nicht gelingt, können Sie prüfen, welche rechtlichen Mittel Ihnen zur Verfügung stehen. Die nötigen Informationen finden Sie im nächsten Kapitel.

Setzen Sie sich aber auch bewusst mit der Möglichkeit auseinander, dass Ihr Arbeitsverhältnis zu Ende gehen wird. In der Schweiz gibt es keinen wirksamen Kündigungsschutz. In Kapitel 5 erfahren Sie, welche Rechte Sie haben, falls der Arbeitgeber Ihnen kündigt.

Neue Perspektiven entwickeln
Und wenn der Arbeitgeber nicht kündigt – wollen Sie an dieser Stelle bleiben? Irgendwann kommen Sie an einen Punkt, an dem Sie sich fragen müssen, was wichtiger ist: Ihre Gesundheit oder das Festklammern an der gegenwärtigen Stelle.

«Häufig müssen wir Opfern abraten, einen Kampf am Arbeitsplatz zu führen, vor allem, wenn ihre Gesundheit bereits angeschlagen ist», sagt Claudia Stam von der Fachstelle Mobbing und Belästigung Zürich. «Dann ist es sinnvoller, eine neue Perspektive zu entwickeln. In einem kleineren Betrieb, wenn es der Geschäftsführer selber ist, der einem übel mitspielt, hat man einfach keine andere Wahl, als eine neue Stelle zu suchen.»

TIPP *Treffen Sie Ihren Entscheid in aller Ruhe, vor überstürzter Kündigung ist abzuraten. Worauf Sie achten müssen, wenn Sie selbst kündigen wollen, erfahren Sie ab Seite 120.*

Ziehen Sie einen Schlussstrich
Versuchen Sie, nach vorne zu schauen und sich nicht von Rachegefühlen leiten zu lassen. Denken Sie daran: Mobber sind keine glücklichen Menschen. Wer mit sich und seiner Umwelt im Reinen ist, erfolgreich, geliebt und anerkannt, kommt gar nicht auf die Idee, Zeit und Energie darauf zu verschwenden, anderen Menschen nachzustellen. Ihre Widersacher haben ihre eigenen Probleme. Räumen Sie ihnen nicht die Macht ein, weiterhin Ihre Gedanken und Gefühle zu beherrschen. Ziehen Sie einen Schlussstrich und investieren Sie Ihre Energie und Kraft in die Zukunft.

Mobbingopfer erzählen – Fabian P.:

«Ich war nicht bereit, die ‹Götter› in unserer Firma anzubeten.»

Fabian P., ETH-Ingenieur, Mitte vierzig, arbeitet als Informatiker. Nach dem Wechsel zu einer mittelgrossen Bank musste er aber schon bald feststellen, dass das Arbeitsverhältnis unter keinem guten Stern stand. Fabian P. wurde nie richtig eingearbeitet und erhielt keine Chance, sich ins Team zu integrieren. Seine Versuche, sich zu wehren, blieben erfolglos.

Ich bin jemand, der nicht aufs Maul sitzt. Ich schaue nicht zuerst, was die anderen denken. Ich sage es, wenn mir etwas nicht passt. Damit komme ich nicht bei allen gut an. Es ist leicht, jemanden wie mich zum Sündenbock zu machen.

Meine Stelle trat ich in einer Abteilung an, die ein eben neu eingeführtes Computerprogramm entwickelt hatte. Die Nachbarabteilung unterhielt das alte Programm, das weiter den Hauptteil der Arbeit ausmachte. Etliche Leute verliessen unsere Abteilung. Auch der Abteilungsleiter, der mich eingestellt hatte, wechselte nach eineinhalb Monaten die Stelle und wurde nicht ersetzt. Neu gab es einen externen Projektleiter, der seine eigenen Leute mitbrachte. Diese behandelte er gut, die anderen schikanierte er. Ich wehrte mich gegen ihn, und das war wohl mein erster «Fehler».

«Ich beanstandete, dass wir keine Führung hätten.»

Drei Monate nach meinem Stellenantritt fand eine grosse Zusammenkunft statt, an der die schlechte Stimmung zwischen den beiden Abteilungen thematisiert wurde. Ich meldete mich zu Wort und beanstandete, dass wir gar keine richtige Führung hätten. Der Abteilungsleiter war ja gegangen, und der nächsthöhere Chef, ein Herr M., hatte sich nie gezeigt. Ich machte den Vorschlag, dass er mehr präsent sein solle. Das hat mir Herr M. offenbar übel genommen. Seither konnte ich ihm nichts mehr recht machen.

Nach einem Jahr gelang es mir, mich in einen Bereich versetzen zu lassen, wo ich einen fairen Chef hatte. Dort lief alles so lange gut, bis wir durch eine Reorganisation wieder Herrn M. unterstellt wurden. Von da an ging es abwärts. Zwei junge Projektleiter wurden mir vor die Nase gesetzt. Sie besprachen alle wichtigen Dinge bei einer Zigarette in der Raucherecke. Da ich Nichtraucher bin, war ich von wesentlichen Informationen ausgeschlossen, was meine Arbeit natürlich beeinträchtigte. Ich reklamierte und sagte, dass ich so nicht arbeiten könne. Aber das nützte nichts.

«Im Qualigespräch wurde ich von einer vernichtenden Beurteilung überrumpelt.»

Im Frühjahr wurden die Qualifikationsgespräche durchgeführt. Gemäss Reglement müssen die ausgefüllten Beurteilungsblätter den Mitarbeitern drei Tage vorher abgegeben werden, damit sie sich vorbereiten können. Das wurde bei mir nicht eingehalten. Ich kam nichtsahnend ins Qualigespräch und wurde von einer vernichtenden Beurteilung überrumpelt, ohne jede Vorwarnung. Es kam in dieser Zeit auch zu verschiedenen Vorfällen, dass man mir Fehler, die andere zu verantworten hatten, in die Schuhe schob oder dass mir meine Vorgesetzten bei der Ausführung eines Auftrags in den Rücken fielen. Wieder erklärte ich meinen Vorgesetzten, dass ich unter solchen Bedingungen meine Arbeit nicht leisten könne. Die Reaktion von Herrn M. war: «Dann werden wir Sie eben eine Zeit lang krankschreiben.» Ich habe damals zugestimmt. Heute weiss ich, dass das falsch war. Ich war nicht krank, in meiner Abwesenheit wurde ich schlechtgemacht. Probleme wurden dadurch nicht gelöst.

Nach zwei Monaten kam ich zurück und wurde in eine andere Abteilung versetzt. Aber auch dort lief es von Anfang an schlecht. Der Gruppenleiter war ganz offensichtlich über mich «instruiert» worden. Er wies mir einen Platz hinten in einer Ecke des Grossraumbüros zu mit Blick gegen die Wand, mein Bildschirm von Weitem einsehbar. Ich sass bei Leuten, die andere Aufgaben hatten als ich, während vorne die wesentlichen Dinge besprochen und Informationen ausgetauscht wurden. Ich war ausser Hörweite.

Ich habe eine ausführliche Liste darüber geführt, was alles passiert ist: Die Kollegen verschwanden oft zum Mittagessen, ohne mich zu informieren; wenn ich selbst zum Mittagessen aufforderte, reagierte keiner. Oder dann suchte ein Kollege Aufgaben für den Lehrling. Ich hätte dessen Unterstützung gut gebrauchen können, da er ja die neusten Techniken gelernt hatte, doch man zog es vor, ihn mit irgendeiner belanglosen Arbeit zu beschäftigen. Oder die Sache mit den Gipfeli: Ich brachte ein paarmal Gipfeli mit, als versöhnliche Geste. Einige Kollegen nahmen sie von mir nicht an, holten sich aber später selber welche.

Der Ton mir gegenüber war allgemein schnoddrig und überheblich. Ich wurde kaum gegrüsst, dafür aber dauernd überwacht. Äusserungen von mir wurden verdreht. Wenn ich ein Programm nicht freigeben wollte, weil es noch nicht genügend getestet war, hiess es, ich weigerte mich, Verantwortung zu übernehmen. Und *wenn ich um Unterstützung bat, wurde das als ein Abschieben meiner Probleme auf andere ausgelegt. Ständig wurden mir Aufgaben angehängt, die nicht zu meinem Pflichtenheft gehörten und mich von der Erfüllung der mir gestellten Ziele abhielten. Als ich mich dagegen wehrte, wurde mir Arbeitsverweigerung vorgeworfen.*

«Alles, was ich an Positivem leistete, wurde ins Negative verdreht.»

Solche Dinge standen dann auch in meinen Qualifikationen. Ich akzeptierte das nicht und verfasste schriftliche Stellungnahmen. Das erste Mal wurde mein Chef fuchsteufelswild: Es gehe hier um eine Fremdbeurteilung, meine Meinung spiele überhaupt keine Rolle. In späteren Jahren wurden Kommentare der Angestellten dann ausdrücklich zugelassen, doch meine Stellungnahme wurde nur unvollständig dokumentiert. Wie der Zufall so spielt, fehlte die Seite, auf der ich mich über Mobbinghandlungen beschwert hatte, in meiner Personalakte. Wenn ich mit den Vorgesetzten das Gespräch suchte, wichen sie mir aus oder meinten, ich müsse eben zeigen, dass ich gut sei und etwas leiste. Doch das ist bei Mobbing nicht möglich. Alles, was ich an Positivem leistete, wurde ins Negative verdreht.

  Ein halbes Jahr später wurde ich wieder schlecht qualifiziert. Diesmal wurden mir Ziele gesetzt und ein neuer Gesprächstermin vereinbart. Schon vor diesem Termin belegte ich, dass ich alle Ziele erreicht hatte. Doch meine Belege wurden nicht angenommen oder dann in Zweifel gezogen. Da beschloss ich, in die Höhle des Löwen zu gehen, und verlangte ein Gespräch mit Herrn M., persönlich. Dreimal wurde der Termin verschoben. Als ich endlich zu ihm vorgelassen wurde, fragte er: «Ja, fühlen Sie sich eigentlich wohl hier? Passen Sie überhaupt in diese Firma?» Ich überlegte mir meine Worte gut und sagte: «Ich passe schon hierher, die Frage ist nur, ob man mich arbeiten lässt.» Das Gespräch führte zu keinem Ergebnis.

«Unmittelbar nach dem Kündigungsgespräch musste ich zusammenpacken.»

Ein paar Wochen danach wurde ich wieder zu Herrn M. zitiert. Im Treppenhaus begegnete ich bereits dem Personalchef und wusste, was es geschlagen hatte. Sie hatten zum Kündigungsgespräch sogar die Sozialberaterin bestellt, damit ich nicht irgendeine Dummheit begehe oder so. Man legte mir einfach das Kündigungsschreiben vor und eine Freistellungsvereinbarung. Immerhin zahlten sie mir noch viereinhalb Monatslöhne anstelle der vertraglichen zwei Monate Kündigungsfrist. Als ich eine Begründung verlangte, hiess es: «Ungenügende Arbeitsleistung.» Unmittelbar nach dem Gespräch musste ich zusammenpacken, bewacht vom Personalchef.

Gegen die Kündigung habe ich vorsorglich protestiert, aber ich habe keine Lust weiterzukämpfen, ausser für ein anständiges Zeugnis. Ansonsten will ich mich auf die Zukunft konzentrieren. Was soll ich noch dazu sagen? In dieser Bank gab es ein paar Götter, und ich war nicht bereit, sie anzubeten.

3

Mobbing und Recht

Verletzung der Persönlichkeit
- wie kann man sich wehren?

Das Wort «Mobbing» taucht zwar in keinem Gesetz auf. Trotzdem gibt es Möglichkeiten, sich mit rechtlichen Mitteln gegen unfaire Machenschaften am Arbeitsplatz zu wehren. Arbeitgeber haben gegenüber ihren Angestellten nämlich gewisse gesetzliche Schutzpflichten. Verletzen sie diese, können sie zur Verantwortung gezogen werden.

In einem Arbeitsverhältnis geht es nicht nur um den Austausch von Arbeit gegen Lohn. Es entstehen darüber hinaus ein besonderes Vertrauensverhältnis sowie gegenseitige Pflichten: Während der Arbeitnehmer gehalten ist, «die berechtigten Interessen des Arbeitgebers in guten Treuen zu wahren» (Art. 321a OR), hat der Arbeitgeber «die Persönlichkeit des Arbeitnehmers zu achten und zu schützen, auf dessen Gesundheit gebührend Rücksicht zu nehmen und für die Wahrung der Sittlichkeit zu sorgen» (Art. 328 OR). Explizit erwähnt das Gesetz den Schutz vor sexueller Belästigung.

Eine ähnliche Bestimmung ist auch im Arbeitsgesetz zu finden: Der Arbeitgeber hat «die erforderlichen Massnahmen zum Schutze der persönlichen Integrität der Arbeitnehmer vorzusehen», heisst es dort unter anderem (Art. 6 ArG, Art. 2 ArGV 3). Die Wegleitung zur Verordnung 3 zum Arbeitsgesetz hält fest, dass der Arbeitgeber die Verantwortung dafür trägt, dass an keinem Arbeitsplatz die physische und die psychische Gesundheit der Arbeitnehmenden geschädigt wird. Namentlich erwähnt werden in diesem Zusammenhang «schlechte psychosoziale Arbeitsbedingungen (zwischenmenschliche Konfliktsituationen, schwierige bis unmögliche Kommunikation oder andere erschwerende Umstände, welche die physische oder psychische Integrität einer Person beeinträchtigen)».

Ihr Anspruch auf Schutz

Der Arbeitgeber muss also alle nicht durch den Arbeitsvertrag gerechtfertigten Eingriffe in die Persönlichkeit der Angestellten unterlassen und hat seine Leute ausserdem vor Persönlichkeitsverletzungen durch Dritte zu schützen. Konkret heisst das: Der Arbeitgeber darf Mobbing in seinem Betrieb nicht dulden. Und schon gar nicht darf er selbst mobben. Er muss sich vielmehr schützend vor betroffene Angestellte stellen.

Dazu gehört, dass der Arbeitgeber Mobbing in seinem Betrieb verbietet, allfällige Mobber zur Rechenschaft zieht und geeignete Massnahmen ergreift, um ein Mobbingopfer vor weiteren Übergriffen zu bewahren. «Der Arbeitgeber, der Mobbing nicht verhindert, verletzt seine Fürsorgepflicht», hat das Bundesgericht unmissverständlich festgehalten (BGE 125 III 70, siehe auch Seite 161). Gemäss Artikel 59 des Arbeitsgesetzes macht sich der Arbeitgeber sogar strafbar, wenn er den Vorschriften über den Gesundheitsschutz vorsätzlich oder fahrlässig zuwiderhandelt.

INFO *Die Ausführungen in diesem Kapitel beziehen sich auf privatrechtliche Arbeitsverhältnisse, die dem Obligationenrecht unterstehen. Für Staatsangestellte ist das jeweilige eidgenössische, kantonale oder kommunale Personalrecht anwendbar, das einen tendenziell noch besseren Schutz bietet. Da sich die Regelungen grundsätzlich aber gleichen, lohnt sich die Lektüre dieses Kapitels auch, wenn Sie in der Verwaltung tätig sind.*

Sammeln Sie Beweise

Ohne Beweise geht gar nichts. Wer sich mit rechtlichen Mitteln gegen Mobbing wehren will, muss beweisbare Fakten präsentieren können. Als Grundlage dient Ihr Mobbingtagebuch (siehe Seite 40). Sammeln Sie alle vorhandenen Belege wie Mails, Briefe, Fehler, die man Ihnen unterjubelt. Sorgen Sie dafür, dass Gespräche protokolliert und Übereinkünfte schriftlich festgehalten werden. Falls Sie von Ihrer Vorgesetzten mündliche Weisungen erhalten, die Ihnen unsinnig oder schikanös erscheinen, können Sie zum Beispiel per Mail zurückfragen, ob Sie alles richtig verstanden haben. So haben Sie etwas Schriftliches in der Hand.

Eigene Schritte dokumentieren

Auch alle Anstrengungen, die Sie unternommen haben, um die Situation gütlich zu bereinigen, sollten Sie schriftlich dokumentieren. Schreiben Sie es auf, wenn Sie um ein Gespräch gebeten haben und dieses verweigert oder ständig verschoben wurde. Notieren Sie die Daten allfälliger Arztbesuche und lassen Sie sich vom Arzt eine schriftliche Stellungnahme geben, wenn Sie wegen Mobbing gesundheitliche Probleme haben. Auch Besuche bei Beratungsstellen oder Therapeuten sind wichtig. Fachpersonen, denen Sie Ihre Probleme anvertraut haben, können als wertvolle Zeugen dienen.

TIPP *Es kommt immer wieder vor, dass Mobbingopfern Knall auf Fall gekündigt wird und sie nur noch wenige Minuten Zeit haben, unter den Augen eines Firmenvertreters das Pult zu räumen. Nehmen Sie daher alle Beweise regelmässig mit nach Hause!*

Den Arbeitgeber schriftlich mahnen

Wenn Gespräche und Versöhnungsversuche nicht zum Erfolg führen oder gar verweigert werden, können Sie den Arbeitgeber schriftlich mahnen, ihn an seine Fürsorgepflicht erinnern und ihn ersuchen, Abhilfe zu schaffen. Einen Musterbrief finden Sie im Anhang.

TIPP *Schicken Sie den Brief eingeschrieben und bewahren Sie aus Beweisgründen eine Kopie davon auf.*

KORREKT BLEIBEN, KEINE ANGRIFFSFLÄCHEN BIETEN
Wichtig ist, dass Sie auch in der schriftlichen Auseinandersetzung mit dem Arbeitgeber sachlich und korrekt bleiben:
- Erheben Sie keine nicht beweisbaren Anschuldigungen. Halten Sie sich an Fakten und konkrete Sachverhalte und verzichten Sie darauf, das Verhalten der Mobbenden oder Vorgesetzten und ihre Motive zu kommentieren.
- Bleiben Sie höflich: Verwenden Sie keine Kraftausdrücke oder Adjektive wie «menschenverachtend», «verleumderisch», «verlogen», hinterhältig».
- Sprechen Sie in der innerbetrieblichen Auseinandersetzung nicht voreilig von Mobbing, sondern eher von Konflikten, Meinungsverschiedenheiten oder Ungereimtheiten.
- Geben Sie nichts Persönliches preis, das nicht zur Sache gehört. Damit bieten Sie neue Angriffsflächen.
- Drohen Sie nicht mit undurchdachten rechtlichen Schritten und schon gar nicht mit den Medien.
- Denken Sie daran, dass Ihre Korrespondenz möglicherweise einmal im Rahmen einer Gerichtsverhandlung als Beweismittel dient.

Die Arbeit verweigern?

Wenn der Arbeitgeber nichts unternimmt und die Weiterarbeit für Sie unzumutbar wird, haben Sie grundsätzlich die Möglichkeit, die Arbeit niederzulegen. Sie können sich dabei auf Artikel 324 OR berufen. Dieser regelt Fälle, bei denen die Arbeit «infolge Verschuldens des Arbeitgebers nicht geleistet werden» kann. Der Arbeitgeber bleibt dann dennoch zur vollen Lohnzahlung verpflichtet. Das Verschulden des Arbeitgebers liegt bei Mobbing darin, dass er die nötigen Massnahmen unterlässt, die Ihnen ein störungs- und belästigungsfreies Arbeiten ermöglichen. Auf jeden Fall sollten Sie eine Arbeitsniederlegung vorher schriftlich androhen und dem Arbeitgeber eine Frist setzen, innerhalb derer er die Missstände beheben soll.

Die Arbeit zu verweigern, ist allerdings heikel und kann zu einer weiteren Eskalation führen, vor allem, wenn Sie das Mobbing nicht hieb- und stichfest beweisen können. In der Regel ist es besser, sich vorübergehend krankschreiben zu lassen.

TIPP *Grundsätzlich haben Sie sogar die Möglichkeit, das Arbeitsverhältnis – nach einer schriftlichen Vorwarnung – fristlos zu kündigen, wenn die weitere Zusammenarbeit für Sie unzumutbar geworden ist. Auch hier ist aber Vorsicht geboten (siehe Seite 122).*

Schadenersatz und Genugtuung fordern

Der Arbeitgeber, der seine Fürsorgepflicht verletzt und Mobbing tatenlos duldet, kann finanziell belangt werden. Eine entsprechende Klage beim Gericht wird man in der Regel aber erst nach Beendigung des Arbeitsverhältnisses ins Auge fassen (mehr dazu auf Seite 87). Möglich sind Schadenersatzforderungen wegen vertragswidrigen Verhaltens (Art. 97 ff. OR), sofern man einen Schaden – zum Beispiel Gesundheitsschaden, Erwerbsausfall – beweisen und auch belegen kann, dass dieser Schaden tatsächlich durch die Fürsorgepflichtverletzung des Arbeitgebers entstanden ist.

Bei schwerem Verschulden des Arbeitgebers kann man zusätzlich eine Genugtuung, sogenanntes Schmerzensgeld, fordern (Art. 49 OR).

Keine zu grossen Erwartungen
Allerdings dürfen Sie in diesem Zusammenhang keine zu grossen Erwartungen hegen. Es hat zwar im Welschland einige spektakuläre Gerichtsentscheide gegeben, in denen Arbeitgeber, die Mobbing zuliessen, zu sechsstelligen Entschädigungszahlungen verurteilt wurden (siehe Seite 167 und 178). Doch das waren Einzelfälle, die sehr gut dokumentiert waren und bei denen die Mobbingopfer schwerste gesundheitliche Schäden erlitten hatten. Vor allem Genugtuungen werden in der Schweiz nur mit grosser Zurückhaltung zugesprochen.

Auch liegt jeder Fall anders, und es ist schwierig, auf Präzedenzfälle abzustellen, da eine Persönlichkeitsverletzung die Betroffenen jeweils unterschiedlich hart trifft und sich je nach Situation anders auswirkt (BGE 130 III 70). Lassen Sie die Erfolgsaussichten auf jeden Fall von einem spezialisierten Anwalt abklären.

Angst vor einer Kündigung?

Vielleicht wagen Sie es nicht, sich gegen Rechtsverletzungen des Arbeitgebers zu wehren, weil Sie um Ihren Arbeitsplatz fürchten. Diese Angst ist nicht unberechtigt. Sie müssen allerdings wissen: Wenn der Arbeitgeber Ihnen nur deshalb kündigt, weil Sie sich auf anständige Weise für Ihre Rechte gewehrt haben, ist die Kündigung missbräuchlich. Sie ist zwar gültig, aber Sie können eine Entschädigung von bis zu sechs Monatslöhnen einklagen.

Voraussetzung ist allerdings, dass Sie den Missbrauch beweisen können. Es empfiehlt sich daher, ernstere Auseinandersetzungen mit dem Arbeitgeber stets schriftlich zu führen. Ausführliche Informationen zur missbräuchlichen Kündigung finden Sie auf Seite 127.

RECHTLICHE SCHRITTE – LOHNT SICH DAS?

Man darf sich keine Illusionen machen. Das Prozessrisiko ist in Mobbingfällen sehr hoch. Ein Prozess kann jahrelang dauern und viel Geld verschlingen. Lassen Sie sich von einem spezialisierten Anwalt beraten, bevor Sie sich in ein rechtliches Abenteuer stürzen. Überlegen Sie sich auch ganz nüchtern, ob Sie wirklich bereit sind, die mit einem Prozess verbundenen Belastungen durchzustehen. In folgenden Fällen sind rechtliche Schritte erfolgversprechend:

- Sie können die Mobbinghandlungen beweisen.
- Die Gegenseite hat gegen geltende Gesetze verstossen oder Ihren Arbeitsvertrag verletzt.
- Sie können belegen, dass Sie sich erfolglos für eine gütliche Bereinigung der Situation eingesetzt haben.
- Die Gegenseite hat das Gespräch verweigert.
- Der Arbeitgeber hat nichts gegen das Mobbing unternommen, obwohl Sie ihn nachweisbar dazu aufgefordert haben.
- Sie leiden unter gesundheitlichen Problemen, die laut Ihrem Arzt auf die Mobbingsituation zurückzuführen sind.
- Ihnen wurde nachweisbar nur deshalb gekündigt, weil Sie sich auf anständige Weise gegen Mobbing gewehrt haben.

Sie wollen Sich nach reiflicher Überlegung auf ein Gerichtsverfahren einlassen? Dann finden Sie die wichtigsten Informationen dazu auf Seite 87.

Vertragsbruch und Machtmissbrauch

Nicht selten kommt es im Zusammenhang mit Mobbing zu Vertragsverletzungen und Machtmissbrauch durch den Arbeitgeber: Mobbingopfer werden gegen ihren Willen an einen auswärtigen Arbeitsplatz versetzt, bekommen plötzlich eine untergeordnete Arbeit zugewiesen oder werden auf unzulässige Weise überwacht. Was ist in solchen Fällen zu tun?

Wer zahlt befiehlt: Gemäss dieser Devise haben Arbeitgeber ein Weisungsrecht gegenüber ihren Angestellten. Sie können «über die Ausführung der Arbeit und das Verhalten der Arbeitnehmer im Betrieb allgemeine Anordnungen erlassen und ihnen besondere Weisungen erteilen» (Art. 321d OR). Angestellte sind verpflichtet, diese Weisungen nach Treu und Glauben zu befolgen.

Doch die Befehlsgewalt des Arbeitgebers hat ihre Grenzen: Er darf weder den geltenden Arbeitsvertrag verletzen noch in die Persönlichkeitsrechte der Mitarbeitenden eingreifen. Angestellte müssen daher keine Weisungen befolgen, die ihre vertraglichen Rechte schmälern, sie demütigen oder ihre Gesundheit gefährden. Auf den folgenden Seiten finden Sie ein paar konkrete Beispiele von Vertragsverletzungen und Machtmissbrauch des Arbeitgebers, und Sie erfahren, wie Sie sich dagegen wehren können.

Grundregel: Verträge sind einzuhalten

Als Arbeitnehmer oder Arbeitnehmerin können Sie sich auf Ihren Arbeitsvertrag berufen. Alles, was Ihnen vertraglich zugesichert wurde, darf man Ihnen nicht plötzlich vorenthalten oder wegnehmen. Verbindlich sind dabei nicht nur schriftliche, sondern auch mündliche oder sogar stillschweigende Abmachungen, die sich im Lauf der Zeit eingespielt haben, denn der Arbeitsvertrag bedarf keiner bestimmten Form (Art. 320 OR).

Die Änderungskündigung

Der Arbeitgeber darf Ihren Arbeitsvertrag nicht von heute auf morgen ausser Kraft setzen oder abändern. Vertragsänderungen – Lohnkür-

---

VERTRAGSÄNDERUNG – WAS TUN?
- Bei jeder Vertragsänderung können Sie verlangen, dass die Kündigungsfrist des alten Vertrags eingehalten wird, die Änderungen also erst nach deren Ablauf in Kraft treten.
- Protestieren Sie aus Beweisgründen schriftlich gegen eine sofortige oder gar rückwirkende Vertragsänderung. Stillschweigen kann als Einverständnis interpretiert werden.
- Kündigt der Arbeitgeber, weil Sie einer sofortigen Vertragsänderung nicht zustimmen, handelt es sich um eine missbräuchliche Kündigung (siehe Seite 127).
- Die Kündigungssperrfristen bei Arbeitsunfähigkeit (siehe Seite 124) gelten auch bei Änderungskündigungen.
- Laut Bundesgericht kann eine Änderungskündigung ausnahmsweise missbräuchlich sein, wenn es für die erhebliche Verschlechterung der Arbeitsbedingungen keine sachliche Rechtfertigung gibt. Lassen Sie sich beraten.

zungen, anderes Pensum, neues Pflichtenheft etc. – sind nur mit Ihrem Einverständnis per sofort möglich. Sind Sie nicht einverstanden, muss die Kündigungsfrist des geltenden Vertrags eingehalten werden, bevor die Änderung wirksam wird. Man nennt dies eine Änderungskündigung. Laut Bundesgericht sind Änderungskündigungen grundsätzlich zulässig. Wird die Kündigungsfrist korrekt beachtet, bleibt Arbeitnehmenden in der Regel nur die Wahl, den neuen Vertrag zu akzeptieren oder die Auflösung des Arbeitsverhältnisses in Kauf zu nehmen.

Immer weniger Arbeit

Vor allem teilzeitbeschäftigte Mobbingopfer müssen häufig feststellen, dass ihnen nicht mehr genügend Arbeit zugewiesen wird. Unfreiwillige Minusstunden gehen jedoch zulasten des Arbeitgebers. Dies gilt auch für Angestellte im Stundenlohn.

> **VERENA K. ARBEITET SEIT JAHRZEHNTEN** als Teilzeitsekretärin in einer mittelgrossen Firma. Einem neuen Chef ist die ältere Frau ein Dorn im Auge. Er beginnt die Mitarbeiterin zu schikanieren und gibt ihr zu verstehen, dass sie nicht mehr auf der Höhe der Zeit sei. Schliesslich stellt er eine junge Person ein, der er die interessanten Arbeiten zuhält. Verena K., die jahrelang 80 Prozent arbeitete, hat immer weniger zu tun, wird oft gegen ihren Willen nach Hause geschickt. Nach einigen Monaten stellt der Chef sie zur Rede wegen ihrer zahlreichen Minusstunden. «Wir werden Ihnen diese selbstverständlich vom Lohn abziehen», verkündet er der völlig eingeschüchterten Angestellten.

Verena K. muss das nicht akzeptieren. Die Minusstunden hat nicht sie verschuldet, sondern der Chef, der sie nach Hause geschickt hat. Nach Gesetz hat sie weiterhin ihren üblichen Lohn (80 Prozent) zugut, denn: «Kann die Arbeit infolge Verschuldens des Arbeitgebers nicht geleistet werden [...], so bleibt er zur Entrichtung des Lohnes verpflichtet, ohne dass der Arbeitnehmer zur Nachleistung verpflichtet ist.» (Art. 324 OR)

> **TIPP** *Lässt Sie der Arbeitgeber plötzlich nicht mehr das vertraglich vereinbarte Pensum arbeiten – auch mündliche Abmachungen gelten –, sollten Sie schriftlich dagegen protestieren und Ihre Arbeitskraft im vertraglichen Umfang anbieten. Sie müssen Ihre Arbeitsbereitschaft notfalls beweisen können, wenn Sie sich gegen ungerechtfertigte Lohnabzüge wehren wollen (Musterbrief im Anhang).*

Gegen Ihren Willen versetzt

Die Versetzung in eine andere Abteilung oder Filiale kann durchaus eine Lösung sein, um einer Mobbingsituation zu entrinnen. Doch nicht immer ist eine solche Versetzung im Interesse des Angestellten. Ob man sich dagegen wehren kann, hängt von den Umständen ab: Wenn man Ihnen ein anderes Büro zuweist, um Sie von den Mobbern zu trennen, oder wenn man Sie an einen gleichwertigen Arbeitsplatz in einer nahegelegenen Filiale versetzt, fällt dies unter das Weisungsrecht des Arbeitgebers und Sie müssen es akzeptieren.

Will man Sie jedoch von Winterthur nach Bern versetzen oder sollen Sie eine völlig neue Aufgabe in einer anderen Abteilung übernehmen, dann handelt es sich um eine Vertragsänderung (siehe Seite 78), die der Arbeitgeber gegen Ihren Willen nur unter Einhaltung der Kündigungsfrist erzwingen kann.

Ob von Ihnen verlangt werden kann, dass Sie schon während der Kündigungsfrist an den neuen Ort pendeln, hängt davon ab, ob dies für Sie zumutbar ist (Dauer des Wegs, familiäre Verpflichtungen etc.).

Wenn ja, haben Sie aber während der Kündigungsfrist des geltenden Arbeitsvertrags eine Spesenentschädigung für den längeren Arbeitsweg zugute. Dazu kommen Verpflegungs- und allenfalls Übernachtungskosten, falls Sie nicht mehr jeden Tag heimkehren können (Art. 327a OR). Ausserdem ist die Differenz zum bisherigen Arbeitsweg als Arbeitszeit anzurechnen (Art. 13 ArGV 1).

Lehnen Sie den neuen Arbeitsort ab und ist es für Sie objektiv gesehen nicht zumutbar, während der Kündigungsfrist am neuen Ort zu arbeiten, haben Sie bis zur ordentlichen Beendigung des Arbeitsvertrags trotzdem Anspruch auf Ihren Lohn – falls Sie der Arbeitgeber nicht mehr am bisherigen Arbeitsort beschäftigen kann oder will.

Weniger qualifizierte Arbeit als vereinbart

Ein Arbeitnehmer mit einem vertraglich klar umschriebenen Aufgabenbereich muss nicht akzeptieren, dass ihm die Arbeitgeberin plötzlich eine andere, weniger qualifizierte Arbeit zuweist. Dies hat das Bundesgericht im Fall eines Kranführers entschieden, der während der Kündigungsfrist bei gleichem Lohn als Hilfsmagaziner im Depot arbeiten sollte. Die Versetzung habe nichts mit den fachlichen Qualifikationen des Angestellten zu tun gehabt, sondern sei nur auf persönliche Differenzen mit dem direkten Vorgesetzten zurückzuführen, so das Gericht (Urteil 4C.212/1992 vom 7.10.1992).

Auch im folgenden Fall stellte sich ein Gericht auf die Seite der Arbeitnehmerin:

LAUT ARBEITSVERTRAG WAR LILLY S. als Alleinsekretärin und Sachbearbeiterin eingestellt. Ihr Chef verlangte von ihr aber nebst Kaffeekochen und Staubsaugen auch das Reinigen der gesamten Fensterfront. Als die Mitarbeiterin sich dagegen wehrte, wurde ihr gekündigt. Das Gericht erachtete die Kündigung als missbräuchlich: Blumengiessen und Kaffeemachen könne von einer Alleinsekretärin verlangt werden, Fensterputzen gehe jedoch eindeutig zu weit. Lilly S. erhielt eine Entschädigung von 10000 Franken.

> **TIPP** *Wie im Fall von unfreiwilligen Minusstunden empfiehlt sich auch hier schriftlicher Protest. Teilen Sie dem Arbeitgeber aber schwarz auf weiss mit, dass Sie jederzeit bereit sind, vertragskonforme Arbeit zu leisten. Sind Sie unsicher, ob Sie eine neu zugewiesene Arbeit akzeptieren müssen, holen Sie Rat bei einer Fachperson.*

Auf unzulässige Weise überwacht

Liest der Chef Ihre E-Mails, oder haben Sie den Verdacht, dass Ihr Telefon abgehört wird? Dann können Sie sich zur Wehr setzen. Grundsätzlich gilt:

- Überwachungs- und Kontrollsysteme dürfen nicht dazu eingesetzt werden, das Verhalten der Arbeitnehmer am Arbeitsplatz zu kontrollieren (Art. 26 der Verordnung 3 zum Arbeitsgesetz).
- Telefongespräche dürfen nicht abgehört werden. Bei geschäftlichen Telefonaten kann ein Aufzeichnen oder Abhören zur Leistungs- oder Sicherheitskontrolle oder zu Ausbildungszwecken ausnahmsweise zulässig sein. Sowohl der Mitarbeiter wie auch der externe Gesprächsteilnehmer müssen aber darüber informiert werden.
- Das Surfverhalten und die E-Mail-Nutzung einzelner Angestellter darf der Arbeitgeber nur überwachen, wenn er in anonymen Stichproben Missbräuche festgestellt und die Arbeitnehmer über die Kontrollen vorgängig informiert hat. Private E-Mails darf der Arbeitgeber selbst dann nicht lesen, wenn das Versenden im Betrieb verboten ist.

TIPP *Ausführliche Informationen zu diesen Themen finden Sie auf der Website des Eidgenössischen Datenschutzbeauftragten (www.edoeb.admin.ch → Datenschutz → Arbeitsbereich → Überwachung).*

Unfair kritisiert und beurteilt

Ein Arbeitgeber darf von seinen Angestellten eine einwandfreie Leistung verlangen und hier auch strenge Massstäbe setzen. Berechtigte Kritik an Ihrer Arbeit müssen Sie sich gefallen lassen. Wenn Sie jedoch plötzlich ohne nachvollziehbaren Grund permanent kritisiert werden oder schlechtere Qualifikationen erhalten, müssen Sie dies nicht hinnehmen. Ihr Chef hat auch nicht das Recht, Sie wegen allfälliger Fehler vor dem versammelten Team blosszustellen oder abschätzig zu kommentieren. Nicht akzeptabel ist es ausserdem, jemanden negativ zu beurteilen, ohne konkrete Fehler zu nennen oder Verbesserungsvorschläge zu machen. Es ist typisch für Mobber, das Opfer mit Vorwürfen zu traktieren, ohne deutlich zu machen, worum es geht, und dann eine Klärung der Angelegenheit zu verhindern.

ANNA K.S CHEF macht plötzlich seltsame Andeutungen. Er müsse in Zukunft seine Führungsaufgabe ernster nehmen und ihr besser auf die Finger schauen. Als Frau K. beunruhigt nachfragt, was das heissen solle, weicht er aus: «Sie wissen ganz genau, was ich meine», heisst es. Oder: «Sie haben wohl ein schlechtes Gewissen.» Was der Chef ihr konkret vorwirft, erfährt Anna K. nicht.

Nachfragen, Fakten verlangen

Lassen Sie sich durch unsachliche Kritik nicht provozieren oder in eine Verteidigungshaltung drängen, sondern verlangen Sie Fakten, Namen, Zahlen, Beispiele.

Beharren Sie darauf – notfalls schriftlich –, dass Ihr Chef Ihnen konkret sagt, was er mit seinen Anschuldigungen genau meint, was er an Ihrer Stelle anders gemacht hätte und was er in Zukunft von Ihnen erwartet. Verlangen Sie, dass die Ziele für die Zukunft schriftlich fixiert werden. Akzeptieren Sie nur Zielsetzungen, die realisierbar sind, und achten Sie darauf, dass die Ziele so formuliert sind, dass die Erfüllung objektiv kontrolliert werden kann (weitere Hinweise zum Umgang mit Vorwürfen auf Seite 51).

TIPP *Ist die Situation allzu konfliktbeladen, nehmen Sie eine neutrale Drittperson mit zum Gespräch mit dem Chef. Eine unbeteiligte Beisitzerin hat einen mässigenden Einfluss und kann später als wertvolle Zeugin dienen.*

Schriftlich Stellung nehmen
Wenn Sie mit einer Beurteilung oder Verwarnung durch den Arbeitgeber nicht einverstanden sind, verfassen Sie eine schriftliche Stellungnahme und verlangen Sie, dass diese zusammen mit der Beurteilung oder Verwarnung in Ihrer Personalakte abgelegt wird. Unterschreiben Sie keine unkorrekte Qualifikation nur um des lieben Friedens willen. Sie können dann später nicht geltend machen, Sie seien damit nie einverstanden gewesen. Allenfalls können Sie unterschreiben und gleichzeitig den Vermerk «eingesehen, aber nicht einverstanden, siehe beiliegende Stellungnahme» anbringen.

INFO *Sie haben das Recht, Ihre Personalakte jederzeit einzusehen und unkorrekte Daten korrigieren oder entfernen zu lassen. Den Einblick verweigern darf man Ihnen höchstens in persönliche Notizen Ihrer Vorgesetzten oder in Unterlagen, die die betriebliche Personal- und Karriereplanung betreffen.*

«Man» hat sich über Sie beschwert

Eine besonders perfide Methode, einen Mitarbeiter zu kritisieren, ist der Vorwurf, irgendwelche andere hätten sich über ihn beklagt. Wie soll man sich wehren oder rechtfertigen, wenn man nicht einmal weiss, wer hinter der angeblichen Beschwerde steckt und worum es sich genau handelt?

Akzeptieren Sie daher keine Behauptungen, ungenannte Dritte (Kunden, Kolleginnen etc.) hätten sich über Sie beschwert. Stellen Sie klar, dass Sie jederzeit bereit sind, den Beschwerdeführern gegenüberzutreten und berechtigte Kritik entgegenzunehmen, dass Sie jedoch auf anonyme Anschuldigungen nicht eintreten werden. Es hat nichts mit Persönlichkeitsschutz zu tun, wenn man anderen erlaubt, aus dem Hinterhalt über Sie herzuziehen.

OFFENBAR EMPFAND IHR CHEF die selbstbewusste, kompetente Chemikerin Sandra F. als Bedrohung. Jedenfalls begann er an ihr herumzumäkeln und warf ihr vor, einige Laborantinnen hätten sich über sie beklagt. Sandra F. wandte sich ans Team, um herauszufinden, wer Probleme mit ihr habe. Niemand meldete sich. Als der Chef sie zum zweiten Mal mit den Vorwürfen konfrontierte, liess sich die junge Frau von einer Anwältin beraten und schrieb daraufhin ihrem Chef einen Brief – mit Kopie ans ganze Team. Darin hielt sie fest, dass sie zweimal mit schwerwiegenden anonymen Anschuldigungen konfrontiert worden sei. Sie sei bereit, die Sache auf sich beruhen zu lassen. Sollten die Anschuldigungen jedoch weitergehen, würde sie sich rechtliche Schritte vorbehalten wegen übler Nachrede und Verleumdung. Damit war die Sache vom Tisch.

Der Arbeitgeber verlangt Schadenersatz

Wenn Mobbingopfer sich zu wehren beginnen – oder wenn Angestellte ganz allgemein auf ihre Rechte pochen –, kommt es nicht selten vor, dass Arbeitgeber versuchen, die Aufmüpfigen mit Gegenforderungen mundtot zu machen.

◆ **MARCO H. HATTE ÜBER JAHRE** unzählige Überstunden geleistet, die nie entschädigt wurden. Als ihm aus fadenscheinigen Gründen gekündigt wurde, präsentierte er dem Arbeitgeber eine detaillierte Abrechnung. Doch dieser wies die Forderung zurück und schrieb: «Für den Fall, dass Sie an der Forderung festhalten, möchte ich Sie jetzt schon darauf aufmerksam machen, dass wir in der Zwischenzeit massive Fehler in diversen Ihrer Kalkulationen festgestellt haben. Der Firma ist dadurch ein finanzieller Schaden von schätzungsweise gegen 100 000 Franken erwachsen. Wir behalten uns vor, diese Summe samt Zinsen von Ihnen einzufordern.»

Was ist von solchen Forderungen zu halten? Wann können Arbeitnehmerinnen und Arbeitnehmer für Fehler haftbar gemacht werden? Voraussetzung ist, dass sie den Schaden tatsächlich verursacht haben und dass ihnen ein Verschulden nachgewiesen werden kann – beispielsweise eine Missachtung von Weisungen und Sicherheitsvorschriften oder eine Verletzung von Sorgfaltsregeln. Entscheidend ist die Schwere des Verschuldens:

- Bei leichter Fahrlässigkeit besteht in der Regel keine Haftung.
- Bei mittlerer Fahrlässigkeit geht man von einer eingeschränkten Haftung aus.
- Bei grober Fahrlässigkeit – wie Trunkenheit am Steuer, Fahren mit übersetzter Geschwindigkeit, achtloses Herumliegenlassen des Service-Portemonnaies – besteht eine volle Haftung.

Weiter spielen eine Rolle: Berufsrisiko, Erfahrung, Fähigkeiten und Fachkenntnisse des Arbeitnehmers sowie ein allfälliges Mitverschulden des Arbeitgebers. Ein Chef, der ungeeignetes Personal mit komplizierten Aufgaben betraut, ist weitgehend selber schuld. Jeder Einzelfall muss genau untersucht werden (Art. 321e OR).

Unzulässige Einschüchterungsversuche
Pauschale Schadenersatzforderungen aus heiterem Himmel, die durch nichts belegt sind, muss man also nicht akzeptieren. Hinzu kommt, dass der Arbeitgeber eine Schadenersatzforderung geltend machen muss, sobald er vom Schaden erfährt. Laut Bundesgericht ist davon auszugehen, dass der Arbeitgeber auf Schadenersatz verzichtet, wenn er bis zum Ende des Arbeitsverhältnisses für bekannte Schäden keine Forderung stellt (BGE 110 II 344). Im Fall von Marco H. liegt denn auch der Verdacht nahe, dass es sich um einen unzulässigen Einschüchterungsversuch handelt.

TIPP *Werden Sie mit Schadenersatzforderungen konfrontiert, verlangen Sie eine genaue Begründung und eine Schadensaufstellung. Denken Sie daran, dass Sie nur bei grober Fahrlässigkeit voll haften und dass bei sogenannten schadensgeneigten, also risikoreichen, Tätigkeiten diese Haftung noch gemildert ist. Lassen Sie sich juristisch beraten und wehren Sie sich notfalls vor Arbeitsgericht.*

Wenn es gütlich nicht geht: der Rechtsweg

Können Sie sich mit dem Arbeitgeber nicht gütlich einigen, bleibt der Gang vors Gericht. Der erste Schritt ist ein Schlichtungsverfahren. Nur ausnahmsweise kann darauf verzichtet werden (etwa bei einem Streitwert von mindestens 100 000 Franken oder bei Streitigkeiten nach dem Gleichstellungsgesetz). Das Schlichtungsgesuch richten Sie an die Schlichtungsbehörde am Wohnsitz beziehungsweise Sitz der beklagten Partei oder am Ort, an dem Sie gewöhnlich Ihre Arbeit leisten (die Adresse finden Sie unter www.zivilgerichte.ch). Das Verfahren ist bis zu einem Streitwert von 30 000 Franken kostenlos, und es fallen auch keine Parteientschädigungen an.

Die Schlichtungsbehörde, zum Beispiel ein Friedensrichter, wird versuchen, eine Einigung herbeizuführen. Bei Streitigkeiten nach dem Gleichstellungsgesetz oder bei vermögensrechtlichen Streitigkeiten bis zu 5000 Franken kann der Schlichter aber auch einen Urteilsvorschlag unterbreiten. Wird dieser von keiner Partei innerhalb 20 Tagen abgelehnt, wird er rechtskräftig.

Beträgt der Streitwert maximal 2000 Franken, kann die Schlichtungsbehörde auf Antrag des Klägers oder der Klägerin auch einen Entscheid fällen. Dieser kann nicht abgelehnt, sondern muss mittels Beschwerde angefochten werden.

Weiter mit der Klagebewilligung

Wird bei der Schlichtungsbehörde keine Einigung erzielt, erhalten Sie die Klagebewilligung. Damit können Sie beim zuständigen Gericht Klage einreichen – und zwar ebenfalls am Wohnsitz beziehungsweise Sitz der beklagten Partei oder am Ort, an dem Sie gewöhnlich Ihre Arbeit leisten (Adressen unter www.zivilgerichte.ch).

Bis zu einem Streitwert von 30 000 Franken – bei Streitigkeiten nach dem Gleichstellungsgesetz unabhängig vom Streitwert – werden arbeitsrechtliche Streitigkeiten im sogenannten vereinfachten Verfahren abgewickelt. Das ist ein Verfahren ohne grosse Formalitäten, bei dem der zuständige Richter von sich aus den für den Streit massgebenden Sachverhalt abklären muss und die Beweise frei würdigen kann. Einen Anwalt brauchen Sie dafür nicht zwingend. Das Verfahren ist kostenlos (Ausnahme: vor Bundesgericht). Die Klage kann schriftlich oder mündlich eingeleitet werden (das Formular dazu finden Sie unter www.bj.admin.ch (→ Publikationen & Service → Zivilprozessrecht → Formulare für Parteieingaben). Eine Begründung ist nicht erforderlich. Liegt der Streitwert über 30 000 Franken, kommt es zu einem ordentlichen Verfahren, bei dem auch Gerichtskosten anfallen. Je höher der Streitwert, umso mehr kostet das Gericht.

Diskriminierung und sexuelle Belästigung

Im Verlauf von Mobbing kann es immer wieder auch zu Diskriminierungen oder sexuellen Übergriffen kommen. Opfer können sich in solchen Fällen auf das Gleichstellungsgesetz berufen. Dieses bietet spezielle Möglichkeiten, sich zu wehren.

Das Gleichstellungsgesetz verbietet die direkte oder indirekte Benachteiligung von Arbeitnehmenden aufgrund ihres Geschlechts, namentlich unter Berufung auf den Zivilstand, auf die familiäre Situation oder, bei Arbeitnehmerinnen, auf eine Schwangerschaft. Das Verbot der Diskriminierung gilt für die Anstellung, die Aufgabenzuteilung, die Gestaltung der Arbeitsbedingungen, die Entlöhnung, die Aus- und Weiterbildung, die Beförderung und die Entlassung (Art. 3 GlG). Diskriminierend ist jede unterschiedliche Behandlung, für die keine sachliche Rechtfertigung besteht.

Diskriminierung und Mobbing

Diskriminierung aufgrund des Geschlechts und Mobbing sind nicht dasselbe. Diskriminierung kann ein einmaliger Akt sein – eine Mitarbeiterin wird zum Beispiel nicht befördert, weil sie eine Frau ist –, während es bei Mobbing um wiederholte und zielgerichtete destruktive Handlungen über einen längeren Zeitraum hinweg geht. Wird jedoch eine Mitarbeiterin gedemütigt, beleidigt oder ausgegrenzt – einfach, weil sie eine Frau ist –, dann kann sich die Betroffene auf die Regeln des Gleichstellungsgesetzes berufen und sich gestützt darauf zur Wehr setzen. Das Gleiche gilt für eine Arbeitnehmerin, die der Chef wegmobben will, nachdem sie ihn über ihre Schwangerschaft informiert hat.

INFO *Ausführliche Informationen zum Gleichstellungsgesetz und zur Gleichstellung von Mann und Frau im Berufsleben finden Sie auf der Website des Gleichstellungsbüros (www.egb.admin.ch).*

So wehren Sie sich gegen Diskriminierung
In den Kantonen gibt es Schlichtungsstellen gegen Diskriminierungen im Erwerbsleben (siehe Anhang). Dort können Sie sich beraten lassen. Die Schlichtungsstelle kann auch versuchen, eine Einigung mit Ihrem Arbeitgeber herbeizuführen. Führt das Schlichtungsverfahren nicht zum Erfolg, können Sie vor Gericht klagen.

Vor Gericht können Sie verlangen, dass eine drohende Diskriminierung verboten, eine bestehende Diskriminierung beseitigt oder eine Diskriminierung festgestellt wird und dass Ihnen Schadenersatz zugesprochen wird, falls ein materieller Schaden entstanden ist. Sie müssen dabei die Diskriminierung nicht beweisen, sondern nur glaubhaft machen. Gelingt dies, liegt es am Arbeitgeber zu beweisen, dass er sich korrekt verhalten hat. Sowohl das Schlichtungsverfahren wie auch die gerichtliche Auseinandersetzung sind unabhängig vom Streitwert kostenlos.

Schutz vor Kündigung
Wenn Sie sich gegen eine Diskriminierung zur Wehr setzen, sind Sie während der Dauer eines innerbetrieblichen Beschwerdeverfahrens, eines Schlichtungs- oder Gerichtsverfahrens sowie sechs Monate darüber hinaus gegen Kündigung geschützt.

Wird Ihnen trotzdem gekündigt, ohne dass der Arbeitgeber einen begründeten Anlass hat (etwa nachweisbar schlechte Leistung oder wirtschaftliche Gründe), können Sie die Kündigung vor Ende der Kündigungsfrist gerichtlich anfechten. Das Gericht kann daraufhin Ihre provisorische Wiederanstellung zumindest bis zur ordentlichen Beendigung des Verfahrens anordnen – eine Regelung, die es sonst nirgends im Arbeitsrecht gibt. Sie können aber auch auf die Weiterführung des Arbeitsverhältnisses verzichten und eine Entschädigung in Höhe von maximal sechs Monatslöhnen geltend machen.

Schutz vor sexueller Belästigung

Eine besondere Form der Diskriminierung ist die sexuelle Belästigung. Laut Gleichstellungsgesetz gehört dazu «jedes belästigende Verhalten sexueller Natur oder ein anderes Verhalten aufgrund der Geschlechtszugehörigkeit, das die Würde von Frauen und Männern am Arbeitsplatz beeinträchtigt. Darunter fallen insbesondere Drohungen, das Versprechen von Vorteilen, das Auferlegen von Zwang und das Ausüben von Druck zur Erlangung eines Entgegenkommens sexueller Art.» (Art.4 GlG) Dazu gehören unerwünschte Berührungen, «Anmache» mit eindeutiger Absicht, sexistische Bemerkungen und Witze, aber auch das Vorzeigen, Aufhängen oder elektronisches Versenden von obszönem und pornografischem Material.

PFLICHT ZUR PRÄVENTION

In der Wegleitung zur Verordnung 3 zum Arbeitsgesetz, das den Gesundheitsschutz regelt, heisst es zur Informationspflicht: «Der Arbeitgeber ist gehalten, ein Konzept auszuarbeiten, worin Sensibilisierung, Schulung, Information und eine geeignete Organisation die Hauptinstrumente bilden, um Betrieb und Arbeitsklima für alle Arbeitnehmerinnen und Arbeitnehmer von der Gefahr sexueller Belästigung freizuhalten. Die Tatsache, dass das Unternehmen sexuelle Belästigung nicht toleriert, sollte im Betriebsreglement verankert sein. Dem ganzen Personal muss bekannt sein, wie Opfer im Falle sexueller Belästigung vorgehen sollen und welche Sanktionen den Täter oder die Täterin erwarten [...] Eine geeignete Methode [...] ist die Ernennung einer Vertrauensperson, welche den Betroffenen beratend und unterstützend beisteht.»

INFO *Sexuelle Belästigung ist auch eine strafbare Handlung im Sinn der Artikel 187 bis 200 des Schweizerischen Strafgesetzbuchs (StGB).*

Was der Arbeitgeber vorkehren muss

Arbeitgeber dürfen sexuelle Belästigung in ihren Betrieben nicht dulden. Sie sind sogar ausdrücklich verpflichtet, dafür zu sorgen, «dass Arbeitnehmerinnen und Arbeitnehmer nicht sexuell belästigt werden und dass den Opfern von sexuellen Belästigungen keine weiteren Nachteile entstehen» (Art. 328 OR). Dazu gehören vor allem auch präventive Massnahmen (siehe Kasten). Verletzt der Arbeitgeber diese Pflicht, kann er zur Bezahlung einer Entschädigung verurteilt werden.

So gehen Sie gegen Übergriffe vor

Mobbingopfer sind häufig völlig verunsichert und suchen den Fehler bei sich. Kommt sexuelle Belästigung hinzu, ist es noch viel peinlicher. Umso wichtiger ist, dass Sie sich wehren. Weder Sie noch Ihr Aussehen oder Auftreten sind «schuld» an dem, was Ihnen passiert ist. Für sexuelle Belästigung gibt es keine Rechtfertigung.

- Machen Sie dem Belästiger sofort unmissverständlich klar, dass Sie sein Verhalten nicht tolerieren. Fordern Sie ihn notfalls schriftlich auf, die Belästigungen zu unterlassen.
- Sprechen Sie über die Vorfälle mit einer Vertrauensperson, aber auch mit anderen Frauen an Ihrem Arbeitsplatz. Sie sind möglicherweise nicht als Einzige betroffen und könnten sich dann gemeinsam mit den anderen wehren.
- Klären Sie ab, wer in Ihrem Betrieb als offizielle Ansprechperson für solche Fälle zuständig ist und ob es schriftliche Richtlinien zum Thema sexuelle Belästigung gibt. Hilfe können Sie auch bei einer Betriebskommission oder Ihrer Gewerkschaft bekommen.
- Halten Sie die Übergriffe in einem Tagebuch fest. Sammeln Sie Beweise, zum Beispiel belästigende SMS und Ähnliches.
- Wenden Sie sich direkt – am besten schriftlich – an Ihren Arbeitgeber (Personalchef, Geschäftsleitung) und verlangen Sie, dass er gegen den Belästiger einschreitet. Er ist dazu verpflichtet.

Brief an den Belästiger

Wollen Sie die direkte Konfrontation vermeiden, können Sie dem Belästiger schreiben – am besten eingeschrieben. Formulierungstipps finden Sie auf der nächsten Seite. Behalten Sie aus Beweisgründen eine Kopie – aber verteilen Sie das Schreiben nicht im Betrieb herum.

Wenn keine Einigung möglich ist

Auch bei sexueller Belästigung können Sie sich an die kantonalen Schlichtungsstellen gegen Diskriminierungen im Erwerbsleben wenden (Link im Anhang). Sie können aber auch beim zuständigen Ge-

SO SCHREIBEN SIE DEN BRIEF AN DEN BELÄSTIGER

Als Grundregel gilt: Formulieren Sie möglichst sachlich und präzise! Hier ein geeigneter inhaltlicher Aufbau und ein paar Beispiele:

1. Beschreibung der Tatsachen ohne eigene Wertung

Benennen Sie den Zeitpunkt und die Art der Belästigung. «Mehrmals haben Sie mir den Arm um die Schulter gelegt, mich gestreichelt.» – «Am 18. Juni haben Sie mich auf meine sexuellen Praktiken angesprochen.»

2. Beschreibung der eigenen Gefühle

Beschreiben Sie die Gefühle, die die Belästigung ausgelöst hat. «Es war mir unangenehm.» – «Ich habe noch nie eine so beschämende Situation erlebt.» – «Es fällt mir schwer, weiter mit Ihnen zusammenzuarbeiten.»

3. Forderung

Fordern Sie, dass die belästigende Person das unerwünschte Verhalten einstellt. Beschreiben Sie, welche Form der Zusammenarbeit Sie erwarten. «Ich erwarte künftig eine rein professionelle Beziehung.» – «Ich erwarte, dass Sie mir keine sexistischen Witze mehr erzählen. – «Ich will von Ihnen weder berührt noch auf meine Sexualität angesprochen werden.»

4. Eventuell Androhung von Konsequenzen

Drohen Sie weitere Schritte an, falls Ihre Forderungen nicht erfüllt werden. «Sollten Sie meine Erwartungen nicht erfüllen, werde ich mir geeignete Schritte vorbehalten.»

5. Mögliche Zusätze

«Ich erwarte eine Antwort.» – «Ich bitte Sie, diesen Brief zu bestätigen.» – «Ich erwarte eine persönliche Entschuldigung.»

Quelle: Eidgenössisches Personalamt EPA

richt Klage einreichen. Im Gegensatz zu sonstiger Diskriminierung müssen Sie die Übergriffe beweisen können – nicht bloss glaubhaft machen (Art. 6 GlG). Allerdings genügt im Unterschied zu einem Strafverfahren (siehe Seite 100) eine an Sicherheit grenzende Wahrscheinlichkeit. Das heisst, Indizien – etwa Arztzeugnisse, allgemeine Beobachtungen von Arbeitskolleginnen, Protestschreiben an den Belästiger, Tagebucheinträge – können als Beweise anerkannt werden. Es ist daher wichtig, derartige Belege zu sammeln.

Wenn der Arbeitgeber dann nicht beweisen kann, dass er die notwendigen Massnahmen getroffen hat, um sexuelle Belästigungen zu vermeiden oder zu beenden, kann Ihnen der Richter eine Entschädigung zusprechen – er muss aber nicht. Die Entschädigung beträgt maximal sechs Monatslöhne, wobei als Massstab der schweizerische Durchschnittslohn gilt – also nicht Ihr eigener Lohn. Erleiden Sie infolge der Übergriffe eine finanzielle Einbusse, ist zusätzlich Schadenersatz geschuldet, bei einer erheblichen Persönlichkeitsverletzung kann auch ein Schmerzensgeld (Genugtuung) verlangt werden.

Der spezielle Kündigungsschutz bei Diskriminierung (siehe Seite 91) gilt auch bei sexueller Belästigung. Wird Ihnen also ohne begründeten Anlass gekündigt, nachdem Sie sich wegen sexueller Belästigung beschwert haben, können Sie die provisorische Wiederanstellung oder eine finanzielle Entschädigung einklagen.

> **INFO** *Umfassende Informationen zum Thema finden Sie auf der Website des Eidgenössischen Büros für die Gleichstellung unter www.sexuellebelaestigung.ch.*

Strafverfahren gegen den Belästiger?

Das Verfahren nach Gleichstellungsgesetz belangt nicht den Belästiger, sondern zieht den Arbeitgeber wegen Pflichtverletzung zur Rechenschaft. Parallel dazu können Sie Strafanzeige gegen den Belästiger einreichen (Art. 198 StGB). Dabei handelt es sich um ein Antragsdelikt. Das bedeutet, dass die Anzeige innerhalb dreier Monate nach der Tat erfolgen muss. Zudem müssen Sie die Belästigung hieb- und stichfest beweisen können, da sonst das Prinzip «im Zweifel für den Angeklagten» gilt.

Strafverfahren bei sexueller Belästigung sind in vielen Fällen nicht erfolgversprechend. Können Sie die Belästigung nicht beweisen, riskieren Sie womöglich eine Ehrverletzungsklage des Beschuldigten. Die Chancen im Verfahren nach Gleichstellungsgesetz stehen in der Regel besser.

INFO *Liegt eine Straftat gemäss Strafgesetzbuch vor, haben Opfer sexueller Belästigung gemäss Opferhilfegesetz (OHG) Anspruch auf Opferhilfe, wenn sie eine Beeinträchtigung ihrer körperlichen, sexuellen oder psychischen Integrität erlitten haben. Die Straftat muss nicht im strengen Sinn bewiesen sein: Für Opferhilfeleistungen ist die Einleitung oder Durchführung eines Strafverfahrens nicht zwingend. Das Opfer erhält unentgeltliche Beratung und Soforthilfe, Schutz vor Strafverfahren sowie eine Entschädigung und/oder Genugtuung (mehr Informationen unter www.opferhilfe-schweiz.ch).*

Mobber zur Verantwortung ziehen

Es ist nicht nur eine Pflicht des Arbeitgebers, gegen Mobbing vorzugehen und die Mobber zur Rechenschaft zu ziehen, sondern es liegt auch in seinem eigenen Interesse. Denn mit den Mobbinghandlungen verletzen die Täter ihre Treuepflicht gegenüber dem Betrieb. Keinem Unternehmen kann daran gelegen sein, dass einzelne Angestellte ihre Zeit mit dem Planen und Durchführen von Intrigen verbringen und die Leistungsfähigkeit und Gesundheit anderer Mitarbeiter beeinträchtigen.

Eine Arbeitgeberin, die dem Mobbing einen Riegel schieben will, kann fehlbare Angestellte verwarnen, versetzen oder ihnen selbstverständlich auch kündigen. In schwerwiegenden Fällen ist eine fristlose Entlassung möglich, sofern eine Weiterbeschäftigung wegen massiver Störung des Betriebsklimas nicht mehr zumutbar ist. In der Regel ist in solchen Fällen eine vorherige schriftliche Verwarnung nötig.

Sie selbst können grundsätzlich auch direkt gegen die mobbenden Kollegen vorgehen und Schadenersatzforderungen stellen. Allerdings ist dieses Vorgehen nur in Ausnahmefällen von Erfolg gekrönt. Denn zu den Kollegen stehen Sie in keinem Vertragsverhältnis und können daher – anders als gegenüber dem Arbeitgeber – keine Vertragsverletzung geltend machen. Eine Schadenersatzklage (Art. 41 ff. OR) gegenüber den Mobbern hat nur einen Sinn, wenn Sie beweisen können:

- dass Ihnen ein finanzieller Schaden entstanden ist, zum Beispiel ungedeckte Krankheitskosten,
- dass dieser Schaden von den mobbenden Kollegen schuldhaft verursacht wurde

- und dass diese widerrechtlich oder sittenwidrig gehandelt haben (widerrechtlich bedeutet, dass die Mobber gegen geltende Gesetze verstossen haben).

Machen sich Mobber strafbar?

Zu den typischen Mobbinghandlungen gehören auch verbale Attacken wie abschätzige Bemerkungen, das Verbreiten von Gerüchten bis hin zu schwerer Beleidigung und Beschimpfung. Unter bestimmten Voraussetzungen können Mobbinghandlungen somit strafrechtlich relevant sein.

> **SEBASTIAN T. WIRD SEIT EINIGER ZEIT** von zwei Kollegen schikaniert. Eines Tages lässt sich der eine zu der Bemerkung hinreissen, Sebastian T. nehme es offensichtlich nicht so genau mit der Einhaltung der Arbeitszeit und habe wohl so seine Tricks, um die Stempeluhr zu überlisten. «Ich möchte nicht wissen, um wie viel Stunden er das Unternehmen schon betrogen hat», fügt er wörtlich hinzu. Sebastian T., dem die Beschuldigung hinterbracht wird, hat genug. Kann er den üblen Kollegen wegen Ehrverletzung anzeigen?

Unter dem Überbegriff der Ehrverletzung kennt das Strafrecht drei Straftatbestände: die üble Nachrede, die Verleumdung und die Beschimpfung. Gemeinsam ist allen dreien, dass der Täter ehrenrührige Äusserungen macht, die den Ruf einer Person schädigen oder sie beleidigen. Diese Voraussetzungen sind im Fall von Sebastian T. sicher gegeben.

- Der **üblen Nachrede** (Art. 173 StGB) macht sich schuldig, wer über eine andere Person Behauptungen verbreitet, die ihren Ruf als ehrbarer Mensch herabsetzen (Strafmass: Busse und/oder Geldstrafe bis zu 180 Tagessätzen). Straflos bleibt, wer beweisen kann, dass eine Behauptung wahr ist oder für wahr gehalten werden durfte.

- Wer genau weiss, dass eine behauptete ehrverletzende Tatsache falsch ist, begeht eine **Verleumdung** (Art. 174 StGB). In diesem Fall beträgt das Strafmass Busse und/oder Geldstrafe oder Freiheitsstrafe bis drei Jahre.

- Wer gegenüber dem Opfer und gegenüber Dritten ein ehrverletzendes Werturteil äussert (etwa «Gauner» oder «Sauhund»), begeht eine **Beschimpfung** (Art. 177 StGB). Strafmass: Busse und/oder Geldstrafe bis zu 90 Tagessätzen. Hat der Beschimpfte durch sein ungebührliches Verhalten die Beschimpfung unmittelbar provoziert, kann der Richter den Täter von der Strafe befreien.

Ehrverletzungsdelikte sind Antragsdelikte. Als betroffene Person müssen Sie also Anzeige erstatten, und zwar innerhalb dreier Monate nach dem Vorfall beziehungsweise nachdem Sie davon Kenntnis genommen haben. Am besten nehmen Sie dabei alle Unterlagen mit, aus denen die Ehrverletzungen hervorgehen – oder Sie geben wenigstens diejenigen Personen an, die die Vorfälle bezeugen können.

Aufgrund Ihrer Strafanzeige beginnt die Polizei im sogenannten Vorverfahren mit den Ermittlungen. Dabei wird sie insbesondere die beschuldigte Person wie auch allfällige Zeugen einvernehmen. Die Polizei rapportiert ihre Ergebnisse an die Staatsanwaltschaft. Kommt auch diese zum Schluss, dass ein hinreichender Anfangsverdacht besteht, eröffnet sie das Untersuchungsverfahren.

INFO *Weitere Straftatbestände, die im Zusammenhang mit Mobbing infrage kommen, sind: Drohung (Art. 180 StGB), Nötigung (Art. 181 StGB) und einfache Körperverletzung (Art. 123 StGB).*

Strafantrag: nur in krassen Fällen sinnvoll

Anzeigen wegen Ehrverletzungen sind nur dann angebracht, wenn Beweise vorliegen; steht Aussage gegen Aussage, wird die Strafuntersuchung in der Regel eingestellt oder gar nicht erst in die Hand genommen. Zudem kann das Strafverfahren für alle Beteiligten unerfreulich sein, denn oft verhärten sich die Fronten dadurch so sehr, dass danach die Situation noch schwieriger wird. Und auch wenn Sie recht bekommen, werden Schuldige oft «nur» mit einer Busse von mehreren Hundert bis mehreren Tausend Franken bestraft.
Eine Ehrverletzungsklage «lohnt» sich daher nur in wirklich krassen Fällen. Je beleidigender ein Vorwurf war, je weniger zutreffend und je grösser das Publikum, umso besser sind die Chancen, einen Prozess zu gewinnen.

> **INFO** *Nicht jede Beleidigung ist eine Ehrverletzung im juristischen Sinn. Wer beispielsweise von einer Arbeitskollegin behauptet, ihre Fachkenntnisse seien «von vorgestern», begeht keine Ehrverletzung. Diese Äusserung bezieht sich nur auf die beruflichen Fähigkeiten der Betroffenen und nicht auf ihren Charakter. In diesem Fall gibt es nur die Möglichkeit einer Klage wegen Verletzung der Persönlichkeitsrechte gemäss Zivilgesetzbuch.*

Prüfenswerte Alternative: die Zivilklage

Wollen Sie in erster Linie Ihren guten Ruf retten, besteht auch die Möglichkeit, eine Zivilklage wegen Verletzung der Persönlichkeit einzureichen (Art. 28 ff. ZGB). Mit einer zivilrechtlichen Klage können Sie verlangen, dass eine Persönlichkeitsverletzung festgestellt wird und in Zukunft zu unterbleiben hat. Falls die Voraussetzungen gemäss Artikel 41 OR erfüllt sind, können Sie darüber hinaus Schadenersatz oder Genugtuung einfordern. Eine Zivilklage wegen Verletzung der Persönlichkeit ist vor allem dann in Betracht zu ziehen, wenn der Täter trotz rechtskräftiger Verurteilung mit den Beleidigungen nicht aufhört.

4

Wenn Mobbing krank macht

Was tun bei gesundheitlichen Problemen?

Stundenlanges Wachliegen und Grübeln, Schweissausbrüche, Kopf- und Bauchschmerzen – das sind nur ein paar der gesundheitlichen Symptome, die Mobbing auslösen kann. Oft behelfen sich die Betroffenen viel zu lang mit Medikamenten. Wenn sie sich endlich einem Arzt anvertrauen, sind sie ernsthaft krank.

Anhaltende psychische Belastungen schaden der Gesundheit. Eine Studie des Staatssekretariats für Wirtschaft (Seco) hat gezeigt, dass Beschwerden wie Migräne, Verdauungsprobleme, Depressionen bereits bei schwacher Mobbingbelastung markant ansteigen.

Ärztliche Hilfe holen

Wenn Sie als Mobbingopfer unter gesundheitlichen Problemen leiden, müssen Sie mit Ihrer Ärztin Klartext reden. Schildern Sie den Stress am Arbeitsplatz. Sprechen Sie offen über Ihre Ängste und Ohnmachtsgefühle. Nur wenn die Ärztin Bescheid weiss, kann sie den Ursprung Ihrer Gesundheitsstörungen erkennen und Sie richtig behandeln. Symptombekämpfung bringt Sie nicht weiter. Wenn Sie den Eindruck haben, mit Ihren Problemen nicht ernst genommen zu werden, wechseln Sie die Ärztin.

> **TIPP** *Körperliche Symptome lassen sich mit den geeigneten Medikamenten meist rasch beheben. Ihre Probleme sind damit aber nicht gelöst. Nebst ärztlicher Hilfe wird daher eine*

ergänzende Beratung nötig sein (Adressen im Anhang). Wenn Sie sich bereits an eine Beratungsstelle gewendet haben, teilen Sie dies dem Arzt mit. Es ist wichtig, dass Ihr Arzt und Ihre Beraterin kooperieren.

Ich halte es nicht mehr aus
Ist die Situation am Arbeitsplatz unerträglich, wird der Arzt Sie eine Zeit lang arbeitsunfähig schreiben. Allerdings nützt Ihnen dies wenig, wenn Sie dann isoliert und passiv zu Hause sitzen, Ihre Gedanken unentwegt um die Mobbingsituation kreisen und Sie voller Panik dem Tag entgegensehen, an dem Sie an den Arbeitsplatz zurückkehren müssen.

Besprechen Sie mit Ihrem Arzt, wie viel Zeit Sie für Ihre Erholung brauchen und wie Sie die nötige Hilfe bekommen, zum Beispiel bei einer Psychotherapeutin. Sobald es Ihnen etwas besser geht, sollten Sie beginnen, Ihr weiteres Vorgehen zu planen. Dies kann das längst fällige Gespräch mit den Vorgesetzten sein, eine mögliche Versetzung innerhalb der Firma, ein Stellenwechsel oder gar eine völlige berufliche Neuorientierung.

Lassen Sie sich Ihre Arbeitsunfähigkeit vom Arzt mit einem Zeugnis bescheinigen. In den meisten Firmen regelt ein Personalreglement, wann ein Arztzeugnis nötig ist. Äussern muss sich dieses zur voraussichtlichen Dauer der Abwesenheit und zu einer allfälligen Teilarbeitsunfähigkeit. Die genaue Diagnose geht den Arbeitgeber nichts an.

Unsichtbares Leiden

Seelische Leiden sieht man Ihnen nicht an. Wenn Sie wegen Mobbing krank werden, können Sie weder eine triefende Nase noch ein gebrochenes Bein vorweisen. Vorgesetzte und Kollegen reagieren in solchen Fällen häufig mit Misstrauen.

TIPP *Bitten Sie Ihren Arzt, Ihnen ein etwas ausführlicheres Zeugnis auszustellen, wenn der Arbeitgeber an Ihrer Arbeitsunfähigkeit zweifelt. Darin kann der Arzt ausführen, wie sehr seiner Meinung nach die Situation am Arbeitsplatz Ihre Gesundheit beeinträchtigt. Möglicherweise trägt dies dazu bei, dass Ihre Probleme endlich ernst genommen werden. Immerhin ist der Arzt ein wichtiger Zeuge, falls Sie in Betracht ziehen, Ihren Arbeitgeber wegen Verletzung der Fürsorgepflicht zu belangen (siehe Seite 71).*

Mobbingopfer sind nicht bettlägerig. Sie müssen sich daher auch nicht zu Hause verkriechen. Was der Genesung dient oder ihr nicht schadet, ist erlaubt. Gerade für Mobbingopfer können Luftveränderung und körperliche Betätigung heilsam sein. Haben Sie mehr als einen Job, ist durchaus denkbar, dass Sie am anderen Ort voll einsatzfähig sind, da Sie dort nicht schikaniert werden. Auch hierüber zu entscheiden, ist Sache des Arztes.

Muss ich zum Vertrauensarzt?
Verlangt der Arbeitgeber, dass Sie sich von einem Arzt seines Vertrauens untersuchen lassen, sollten Sie dies akzeptieren. Sprechen Sie mit dem Vertrauensarzt offen über Ihre Probleme, auch er ist ans Arztgeheimnis gebunden. Seine Aufgabe ist es lediglich, Ihre Arbeitsunfähigkeit zu bestätigen oder eben nicht. Die Kosten dieser Konsultation muss der Arbeitgeber tragen.

Laut Bundesgericht stellt es keine Persönlichkeitsverletzung dar, wenn ein Arbeitgeber von einer Angestellten verlangt, sich von einem Vertrauenspsychiater untersuchen zu lassen (BGE 125 III 70, siehe auch Seite 160).

Zeitlich begrenzter Kündigungsschutz
Bei ganzer oder teilweiser Arbeitsunfähigkeit wegen Krankheit oder Unfall gibt es einen zeitlich begrenzten Kündigungsschutz. Während

dieser sogenannten Sperrfristen darf der Arbeitgeber nicht kündigen. Die weitverbreitete Meinung, dass während einer Arbeitsunfähigkeit überhaupt nicht gekündigt werden kann, trifft also nicht zu. Einzelheiten zum Kündigungsschutz finden Sie auf Seite 124.

Ihr Lohnanspruch bei Arbeitsunfähigkeit

Wenn Sie ohne Ihr Verschulden aus Gründen, die in Ihrer Person liegen – zum Beispiel wegen Krankheit –, an der Arbeitsleistung verhindert sind, haben Sie während einer gewissen Zeit den Lohn weiterhin zugut. Wie lange Sie eine Lohnfortzahlung erwarten können, sollte aus Ihrem Arbeitsvertrag hervorgehen.

Falls Ihr Vertrag keine Regelung enthält oder einfach auf das Obligationenrecht verweist, gelten im privatrechtlichen Arbeitsverhältnis die Bestimmungen von Artikel 324a OR. Dann muss Ihnen der Arbeitgeber für eine beschränkte Zeit den üblichen Lohn entrichten – vorausgesetzt, das Arbeitsverhältnis hat mehr als drei Monate gedauert oder wurde für mehr als drei Monate fest eingegangen.

Das Gesetz liefert aber keine klaren Angaben darüber, wie lange die Lohnfortzahlung im konkreten Fall tatsächlich dauern soll. Es legt lediglich fest, der Arbeitgeber habe «im ersten Dienstjahr den Lohn für drei Wochen und nachher für eine angemessene längere Zeit zu entrichten, je nach der Dauer des Arbeitsverhältnisses und den besonderen Umständen». Um diese gesetzgeberische Lücke zu schliessen, haben verschiedene Gerichte Skalen entwickelt, die als Richtlinie dienen können. Es gibt eine sogenannte Berner, eine Basler und eine Zürcher Skala. Sie finden diese Skalen im Internet, ebenso Angaben, wo welche Skala zur Anwendung gelangt (auf Google zum Beispiel Berner Skala eingeben).

Wie hoch ist der Krankenlohn?

Während einer Krankheit ist grundsätzlich der volle Lohn geschuldet, inklusive sämtliche üblicherweise ausgezahlten Zulagen (zum Beispiel für Nacht-, Sonntags- oder Schichtarbeit). Dabei spielt es keine Rolle, ob Sie im Stunden- oder Monatslohn bezahlt sind. Der Lohn muss gleich hoch sein, wie wenn Sie arbeiten würden.

Wenn eine Krankentaggeldversicherung zahlt
Fortschrittliche Betriebe schliessen kollektive Krankentaggeldversicherungen ab, um die Lohnfortzahlungspflicht bei Krankheit abzudecken.

Da die Versicherung sehr viel länger zahlt, als der Arbeitgeber nach Gesetz verpflichtet wäre – in der Regel während 720 innerhalb von 900 Tagen –, ist es erlaubt, nur 80 anstatt 100 Prozent des Lohnes zu versichern. Ausserdem dürfen die Angestellten bis maximal zur Hälfte an den Prämien beteiligt werden. Wenn Ihnen der Arbeitgeber während Ihrer Arbeitsunfähigkeit also nur 80 Prozent des Lohnes bezahlt, liegt dies vermutlich daran, dass eine Krankentaggeldversicherung für den Lohnausfall aufkommt. Verlangen Sie Aufschluss über die Versicherungsbedingungen.

BUCHTIPP

Alles, was Sie wissen müssen, wenn Sie wegen eines Unfalls oder einer Krankheit arbeitsunfähig sind, erfahren Sie in diesem Ratgeber: **Krankheit oder Unfall – wie weiter im Job? Das gilt, wenn Sie nicht arbeiten können.**
www.beobachter.ch/buchshop

Das gilt, wenn Sie länger krank sind

Eine Krankentaggeldversicherung deckt den Lohnausfall während rund zweier Jahre. Nur: Vor einer Kündigung sind Sie maximal in den ersten sechs Monaten der Krankheit geschützt (siehe Seite 124). Was geschieht nun mit dem Krankenlohnanspruch, wenn der Arbeitgeber während einer länger dauernden Erkrankung ganz einfach kündigt?

Falls Ihr Arbeitgeber keine Krankentaggeldversicherung abgeschlossen hat und Sie Ihren Lohn gemäss einer der vorne erwähnten Skalen erhalten, endet die Lohnfortzahlung mit der Beendigung des Arbeitsverhältnisses – sofern sie nicht bereits vorher ausgeschöpft war. Der Taggeldanspruch gegenüber einem Versicherer hingegen fällt mit der Kündigung nicht einfach dahin. Es gibt Krankentaggeldversicherungen, die auch nach der Beendigung eines Arbeitsverhältnisses weiterzahlen, wenn der Arbeitnehmer nach wie vor krank ist. Ob dies der Fall ist, können Sie den allgemeinen Versicherungsbedingungen entnehmen.

Übertritt in die Einzelversicherung

Zahlt die Versicherung nicht automatisch weiter und sind Sie nach Beendigung des Arbeitsverhältnisses arbeitslos, haben Sie die Möglichkeit – in der Regel innerhalb dreier Monate –, von der Kollektiv- in die Einzelversicherung überzutreten und weiterhin Taggelder zu beziehen. Allerdings müssen Sie dann die recht hohen Versicherungsprämien selber bezahlen.

Auf das Recht des Übertritts in die Einzelversicherung muss man Sie schriftlich hinweisen. Unterbleibt diese Information, können Sie unter Umständen auch noch nach abgelaufener Übertrittsfrist das Recht auf Weiterführung der Taggelddeckung als Einzelversicherter erfolgreich geltend machen. Lassen Sie sich beraten.

Mobbingopfer erzählen – Brigitte R.:

«Ich bin stolz, dass ich mich gewehrt habe.»

Sieben Jahre arbeitete Brigitte R. erfolgreich als Chefredaktorin des Kundenmagazins eines internationalen Konzerns. Ein Zwischenzeugnis bescheinigte ihr, dass sie «qualitativ sehr gute Arbeitsergebnisse» erziele und die hohen Erwartungen des Arbeitgebers «in jeder Hinsicht» erfülle. Dann bekam sie einen neuen Chef, dem sie von Anfang an nichts recht machen konnte. Was er von ihr erwartete und was sie besser hätte machen sollen, erfuhr sie nicht. Innerhalb weniger Monate brach das Selbstbewusstsein der gestandenen Berufsfrau zusammen. Sie wurde schwer krank und verbrachte mehrere Monate in einer psychiatrischen Klinik. Doch Brigitte R. liess sich nicht unterkriegen. Obwohl man ihr dringend davon abriet, brachte sie den Mut auf, sich vor Gericht gegen ihre Peiniger zu wehren.

Die Zeitschrift, für die ich verantwortlich war, wurde im Zuge einer Umstrukturierung einem anderen Bereich zugeordnet und ich bekam einen neuen Chef, Herrn A., den ich bereits von der Redaktionskommission unseres Magazins her kannte. Er war viel jünger als ich, sehr ehrgeizig. Ich hatte ein etwas ungutes Gefühl, aber unser nächsthöherer Vorgesetzter, Herr S., meinte, er werde sich um mich und meine Kollegin kümmern. Es werde schon alles gut gehen.

Doch schon bald kam es zum ersten Eklat: Ich war damals auch zuständig fürs Budget und hatte Herrn S. ein ganzes Paket von Verträgen mit Agenturen, Druckerei, freien Mitarbeitern übergeben, leider ohne eine Bestätigung zu verlangen. Jedenfalls beschuldigte mich einige Wochen später Herr A. lautstark, ich hätte ihm die Verträge vorenthalten und ihn bezüglich Finanzen nicht rechtzeitig informiert. Meinen Einwand, ich hätte alle Unterlagen Herrn S.

übergeben, ignorierte er völlig. Auch S., der im Grossraumbüro nur wenige Tische weiter entfernt sass, kam mir nicht zu Hilfe. Ich wurde vor allen Anwesenden blossgestellt, es herrschte eine gespannte Stille. Niemand wagte, etwas zu sagen. Natürlich erklärte ich mich bereit, alles nochmals zu kopieren. Herr A. begann an allem herumzumäkeln, was ich tat. Mal war er nicht einverstanden mit den Autoren, die ich ausgewählt hatte, mal ereiferte er sich über Bagatellen in den Formulierungen. Ein Autor hatte zum Beispiel geschrieben «die Philosophie des Abendlandes». Herr A. wünschte «die Philosophen des Abendlandes». Ich nahm mit dem Autor Kontakt auf, der auf seiner Formulierung beharrte. Als ich den Text dann nicht änderte, kanzelte mich A. wieder vor allen Kollegen ab. Wenn ich ihm meine eigenen Artikel vorlegte, hiess es etwa: «Unvollständig». Fragte ich dann nach, was er anders haben wolle, konnte er es mir nicht sagen. Ich sei schliesslich die Redaktorin und müsse wissen, wie man einen guten Artikel schreibe.

«Ich wurde vor allen Anwesenden blossgestellt.»

Ich war ziemlich viel unterwegs, um Interviews zu führen. Herr A., der meine Agenda kannte, fing an, Teamsitzungen so zu legen, dass ich abwesend war. Nicht immer gelang es mir dann, meine Termine zu verschieben, und so war ich permanent in irgendwelchen Zwickmühlen. Einmal – wir waren mitten im Druck – kam Herr A. und erklärte, die Druckerei sei zu teuer, wir müssten sie wechseln. Ich entgegnete, wir seien voll im Produktionsprozess, es sei alles bestellt. Doch ihm war das egal. Ich habe dann in der

Nacht mit dem Drucker telefoniert, um den Preis herunterzuhandeln. Durch all diese Vorfälle war ich ständig im Stress, fragte mich in schlaflosen Nächten: Was kommt als Nächstes? Was will er eigentlich?
Dazu kam, dass die Herren A. und S. grundsätzlich die Ansicht vertraten, unser Magazin sei absoluter Mist. Ich wurde als Projektleiterin eingesetzt mit dem Auftrag, eine völlig neue Zeitschrift zu erschaffen. Als Erstes sollte ich eine Präsentation für die Geschäftsleitung erarbeiten, die die Schwächen des bisherigen Produkts auflistete. Ich musste also alles schlecht machen, was ich während sieben Jahren erfolgreich und zur Zufriedenheit aller geleistet hatte. Klare Ziele, wie das neue Produkt aussehen solle, bekam ich nicht – einfach neu, modern, spannend, frisch sollte es daherkommen. Alles, was ich dann an Ideen brachte, wurde verworfen. Ich bekam immer nur nebulöse Anweisungen, die mich völlig verunsicherten. Meine ganze Kompetenz wurde infrage gestellt, und zwar komplett.

«*Ich fragte mich in schlaflosen Nächten: Was kommt als Nächstes? Was will er eigentlich?*»

Ich fühlte mich immer mehr in die Ecke gedrängt. Schliesslich bat ich Herrn S., sich als Mediator zur Verfügung zu stellen, ich käme mit A. allein nicht mehr weiter. Er meinte, er sehe die Problematik und wolle sich einsetzen. Doch am nächsten Tag widerrief er seine Zusage. Er habe mit Herrn A. gesprochen. Dieser sei ein guter Vorgesetzter und er stehe hinter ihm.
Sechs Monate nach der Umorganisation war ich ziemlich am Ende. Schliesslich ging ich auf Anraten einer Kollegin zur betriebs-

internen Mobbingberatungsstelle. Als ich meine Situation vor ihr ausgebreitet hatte, schickte mich die Beraterin zum Arzt. Ich bekam einen Termin für den folgenden Abend. Vorher gab es noch eine Teamsitzung, in der wieder alles kritisiert wurde, was ich getan hatte. Ich war völlig verzweifelt, mein Selbstbewusstsein war zerbrochen. Allmählich begann ich zu glauben, dass die Herren A. und S. recht hätten und dass alles, was von mir komme, unbrauchbar sei. Ich hatte kein Rückgrat und keine Schutzhaut mehr.

Am Abend nach der Teamsitzung schrieb mich der Arzt wegen einer schweren Depression krank. Ich fiel in ein tiefes, schwarzes Loch, lag tagelang wie tot im Bett. Nur mit Mühe konnte ich aufstehen, die Kraft zum Duschen hatte ich nicht. Ich hatte Panikattacken und konnte kaum schlafen. Dazu das furchtbare Gefühl, alles falsch gemacht zu haben. «Sie sind wie ein Vergewaltigungsopfer, das sich entschuldigt, einen zu kurzen Jupe getragen zu haben», sagte mein Psychiater. Mehrere Monate verbrachte ich in einer psychiatrischen Klinik, bevor es mir einigermassen besser ging.

Heute bin ich überzeugt, dass die beiden Herren gar nicht mit mir zusammenarbeiten wollten. Sie wollten das Prestigeprodukt haben, das hervorragend eingeführt war. Ich passte auch gar nicht ins neue Team von Herrn A. Ich hatte 23 Jahre Berufserfahrung, er nur drei oder vier. Die anderen im Team waren Anfänger und Praktikanten. Ich dagegen verfügte über ein grosses Netzwerk innerhalb und ausserhalb der Firma und arbeitete sehr selbständig. Vielleicht hat das Neid ausgelöst. Am Anfang habe ich Herrn A. ein paarmal Tipps gegeben – einfach, weil ich gewisse Dinge schon mehrmals gemacht hatte. Das war sicher falsch. Er fühlte sich wohl angegriffen und in seiner Autorität infrage gestellt.

Gekündigt wurde mir ein Jahr später, wegen meiner andauernden Arbeitsunfähigkeit. Es war ein Schock, trotz allem hatte ich immer noch gehofft, nach meiner Genesung im grossen Konzern wieder einen Platz zu finden. Als die Würfel gefallen waren, passierte etwas in mir. Ich dachte: «So, deine Gesundheit ist im Eimer. Der Job ist weg. Du hast nichts mehr zu verlieren. Jetzt wehrst du dich!» Noch am gleichen Tag verlangte ich ein betriebsinternes Mobbingverfahren. Nach viel Schriftverkehr, Formularen und Stellungnahmen kam schliesslich der ernüchternde Bescheid: Es liege zweifellos ein Konflikt vor, für Mobbing gebe es jedoch keine Beweise. Meine Chefs blieben ungeschoren.

Das konnte ich nicht auf mir sitzen lassen. Zum ersten Mal wurde ich wütend. Ich ging zu einer Mobbingberatungsstelle, erzählte meine Geschichte. Die niederschmetternde Auskunft: «Vergessen Sies, gegen ein Grossunternehmen haben Sie keine Chance.» Da wandte ich mich an meine Rechtsschutzversicherung – und wurde endlich ernst genommen. Ich bekam eine sehr engagierte Anwältin und hatte das wunderbare Gefühl: Hier wird mir geglaubt. Von nun an ging es aufwärts. Ich kam allmählich heraus aus meiner Opferrolle. Wir reichten Klage ein gegen den Konzern und forderten eine Entschädigung wegen Verletzung der Fürsorgepflicht sowie ein Schlusszeugnis, das meinem Zwischenzeugnis entsprach. Zwei Monate später fand die Verhandlung statt. Meine Anwältin hatte mich gewarnt, dass es eine Schlammschlacht werden würde, und ich hatte mir vom Hausarzt Beruhigungstabletten geben lassen. Es kam aber noch viel schlimmer. Gleich zu Beginn stellte der Gegenanwalt klar, das Zeugnis werde nicht geändert, eine Entschädigung stehe nicht zur Diskussion und ich als Klägerin müsse sämtliche Verfahrenskosten tragen. Dann wurde ich nach Strich und Faden fertiggemacht. Mir liefen die Tränen herunter und ich dachte: Um Himmels Willen, worauf hast du dich da eingelassen?

Nach einer Pause hatte ich Gelegenheit, meine Sicht darzulegen. Ich nahm alle Kraft zusammen und bemühte mich, sachlich zu bleiben. Es gehe mir nicht um Rache, sagte ich, sondern ich wolle mein Selbstbewusstsein und meine Reputation wiederherstellen. Ich betonte, dass ich dankbar sei, überhaupt vor Gericht stehen zu können, wohl wissend, dass es viele Leute gar nicht so weit schafften. Wahrscheinlich hatte die Gegenseite mit ihren Angriffen auch in den Augen des Richters übertrieben – jedenfalls stand er dann vermittelnd eher auf meiner Seite. Er stellte klar, dass die Kosten geteilt würden, und ich das gewünschte Zeugnis bekäme.

> «Ich wusste, dass der Prozess eine Schlammschlacht werden würde, doch es kam noch viel schlimmer.»

Schliesslich ging es um die Entschädigung. Wir hatten eineinhalb Monatslöhne gefordert. Der Richter schlug als Kompromiss die Hälfte vor, was die Gegenseite strikt ablehnte. Es begann ein Feilschen wie auf einem orientalischen Basar – geschlagene drei Stunden lang. Der Gegenanwalt lief immer wieder aus dem Raum, um sich telefonische Instruktionen zu holen. Bekommen habe ich schliesslich 2000 Franken. Ich weiss, das ist ein Witz! Aber mir ging es nicht um den Betrag, es ging um die Symbolik. Es war eine Schuldanerkennung, das ist das Entscheidende.

Jedes Mobbingopfer muss für sich prüfen, ob es sich den Strapazen eines Prozesses aussetzen will. Für mich war es richtig. Ich brauchte zwar zwei Tage, um mich von der Verhandlung zu erholen, aber ich war stolz auf mich und fühlte mich von einer grossen Last befreit. Ich war gegen den mächtigen Konzern angetreten, hatte die gezwungen, sich intensiv mit dem Fall zu beschäftigen. Heute kann ich sagen: Da ist viel schiefgelaufen, aber nicht nur ich habe Fehler gemacht. Die beiden Herren tragen einen grossen Teil der Verantwortung. Im Prozess wurde dies offiziell, und das tut mir gut.

5
Kündigung?

Die allgemeinen Kündigungsregeln

Im schweizerischen Arbeitsvertragsrecht herrscht der Grundsatz der Kündigungsfreiheit. Arbeitnehmer und Arbeitgeber haben jederzeit das Recht, ein Arbeitsverhältnis aufzulösen. Die bange Frage vieler Mobbingopfer, ob der Arbeitgeber ihnen einfach so kündigen könne, muss daher grundsätzlich bejaht werden. Kündigungen können aus heiterem Himmel ausgesprochen werden. Eine Vorankündigung braucht es nicht.

Laut Bundesgericht ist es zwar «kaum als anständig» zu bezeichnen, wenn jemandem ohne vorgängiges Gespräch gekündigt wird. Es sei aber zwischen einem unanständigen und einem rechtswidrigen Verhalten zu unterscheiden, so das Gericht. Es gebe nun mal keine Anhörungspflicht vor der Kündigung. Auch einen triftigen Grund braucht es nicht (Urteil 4C.174/2004 vom 5.8.2004). Immerhin kann eine Kündigung missbräuchlich sein, wenn sie auf besonders verletzende oder demütigende Art ausgesprochen wurde (siehe Seite 127 und 169).

Kein wirksamer Schutz vor Entlassung

Arbeitnehmerinnen und Arbeitnehmer in der Privatwirtschaft müssen sich bewusst sein: In den allermeisten Fällen ist gegen eine Kündigung nichts zu machen. Immerhin gibt es ein paar Ausnahmen von der allgemeinen Kündigungsfreiheit: Bei Arbeitsunfähigkeit, Schwangerschaft oder Militärdienst besteht ein zeitlich begrenzter Kündigungsschutz. Auch kann man sich gegen missbräuchliche Kündigungen zur Wehr setzen. Die Einzelheiten finden Sie auf den folgenden Seiten. Besser geschützt sind Staatsangestellte. Hier gelten die Bestimmungen des Bundes, der Kantone oder Gemeinden, die meist strengere Kündigungsregelungen enthalten. Voraussetzung für eine Kündigung ist in der Regel ein «sachlicher, triftiger» Grund. Ausserdem braucht es eine vorgängige Abmahnung und das Ansetzen einer Bewährungsfrist. Gegen die Kündigung sind Rechtsmittel möglich. Angestellte im öffentlichen Dienst haben daher auch bessere Möglichkeiten, sich gegen Mobbing zu wehren.

INFO *Die öffentlich-rechtlichen Anstellungsbedingungen sind von Kanton zu Kanton unterschiedlich. Daneben gibt es das Personalgesetz des Bundes sowie kommunale Anstellungsbedingungen. Die in diesem Kapitel geschilderten Kündigungsregeln beziehen sich auf privatrechtliche, nach OR geregelte Anstellungsverhältnisse.*

Die korrekte ordentliche Kündigung

Unabhängig davon, ob die Kündigung vom Arbeitgeber oder vom Arbeitnehmer ausgeht, sind bestimmte Regeln zu beachten, wenn ein Arbeitsverhältnis aufgelöst werden soll. Hier ein Überblick:
- Eine bestimmte Form schreibt das Gesetz für Kündigungen nicht vor. Wenn die Schriftform nicht vertraglich vereinbart wurde, kann man also auch mündlich kündigen – was allerdings aus Beweisgründen nicht empfehlenswert ist. Üblich, aber eben nicht obligatorisch, ist ein eingeschriebener Brief.
- In der Regel sind die Kündigungsfristen im Arbeitsvertrag festgelegt. Wenn nicht, gilt das Gesetz (Art. 335c OR). Dann kann im ersten Dienstjahr mit einer Kündigungsfrist von einem Monat, im

zweiten bis und mit dem neunten Dienstjahr mit einer Frist von zwei Monaten und danach mit dreimonatiger Frist jeweils auf ein Monatsende gekündigt werden. Die Kündigungsfristen dürfen schriftlich abgeändert werden. Für Arbeitgeber und Arbeitnehmer müssen stets gleich lange Fristen gelten.

- Während der maximal dreimonatigen Probezeit beträgt die Kündigungsfrist sieben Tage.
- Der Kündigende muss die Kündigung schriftlich begründen, wenn die andere Partei dies verlangt (Art. 335 OR). Allerdings ist die Kündigung auch dann gültig, wenn die Begründung verweigert wird oder falsch ist. Allenfalls ist dann zu prüfen, ob die Kündigung missbräuchlich ist (siehe Seite 127).
- Wirksam wird die Kündigung erst, wenn sie beim Empfänger eingetroffen ist. Massgebend ist also nicht der Poststempel.

Als Mobbingopfer selber kündigen?

Es gibt Situationen, in denen Mobbingopfer keinen anderen Ausweg sehen, als möglichst rasch das Weite zu suchen. Mitunter hat es einfach keinen Sinn, Kraft und Energie zu investieren, um mit Leuten auszukommen, die einem nur schaden wollen. Häufig werden Betroffene aber auch vor die Wahl gestellt, selbst zu kündigen, sonst werde ihnen gekündigt. Wie soll man sich in solchen Fällen verhalten?

Zunächst einmal gilt: Ob Sie kündigen wollen oder nicht, entscheiden Sie ganz allein. Niemand kann Sie zwingen, selbst zu kündigen. Wer kündigt, darf auch keinen Einfluss auf Ihr Arbeitszeugnis haben. Protestieren Sie notfalls schriftlich gegen Druckversuche.

Nichts überstürzen
Ziehen Sie Bilanz, bevor Sie sich entscheiden. Vor übereilten Panikkündigungen ist dringend abzuraten. Eine einmal ausgesprochene

Kündigung können Sie nicht mehr widerrufen – dazu bräuchte es das Einverständnis des Arbeitgebers. Ausserdem ist es einfacher, im ungekündigten Arbeitsverhältnis eine neue Stelle zu finden, als wenn Sie arbeitslos sind.

> **TIPP** *Wenn Sie am Ende Ihrer Kräfte sind, lassen Sie sich am besten eine Zeit lang krankschreiben, um neue Energie zu sammeln. Sie geniessen während der Arbeitsunfähigkeit einen Kündigungsschutz (siehe Seite 124).*

Als Faustregel gilt: Kündigen Sie erst dann selber, wenn Sie einen neuen Arbeitsvertrag haben. Sonst drohen einige Nachteile:

- Haben Sie den blauen Brief abgeschickt, haben Sie später keine Möglichkeit mehr, die Vertragsauflösung als missbräuchlich anzufechten.
- Sie können nicht vom gesetzlichen Kündigungsschutz bei Arbeitsunfähigkeit profitieren (siehe Seite 124).
- Sollten Sie arbeitslos werden, riskieren Sie Einstelltage bei der Arbeitslosenversicherung, wenn Sie nicht nachweisen können, dass die Stelle unzumutbar war.

Wenn Arbeitslosigkeit droht

Trotz dieser Bedenken gibt es manchmal im Interesse der eigenen Gesundheit keinen anderen Ausweg, als einen Schlussstrich zu ziehen und zu gehen. Kündigen Sie aber auf keinen Fall, solange Sie krankgeschrieben und aus gesundheitlichen Gründen auch nicht in der Lage sind, eine Stelle zu suchen und sich zu bewerben. In diesem Fall sollten Sie warten, bis es Ihnen besser geht und Sie stark genug sind, den Neubeginn in Angriff zu nehmen. Besprechen Sie den idealen Zeitpunkt mit Ihrem Arzt oder Ihrer Therapeutin.

TIPP *Sobald das Arbeitsverhältnis gekündigt ist, muss Ihnen der Arbeitgeber freie Zeit für die Stellensuche gewähren. Üblich ist etwa ein halber Tag pro Woche. Bei Angestellten im Monatslohn dürfen wegen derartiger Absenzen keine Lohnabzüge gemacht werden (Art. 329 OR).*

Lassen Sie sich von der Ärztin oder vom Therapeuten schriftlich bestätigen, dass der alte Arbeitsplatz aus gesundheitlichen Gründen für Sie nicht mehr zumutbar ist. Am besten gibt Ihnen der Arzt diese Bestätigung, bevor Sie die Kündigung aussprechen. Auf diese Weise vermeiden Sie, wegen selbstverschuldeter Arbeitslosigkeit von der Arbeitslosenversicherung mit Einstelltagen gebüsst zu werden.

Sofort gehen – ist das möglich?

Darf man bei schwerem Mobbing fristlos kündigen? Im Prinzip Ja. Aus wichtigen Gründen, wenn die Fortführung des Arbeitsverhältnisses nicht mehr zumutbar erscheint, haben sowohl Arbeitgeber wie auch Arbeitnehmende das Recht, das Arbeitsverhältnis fristlos aufzulösen (Art. 337 OR). Massives Mobbing kann ein wichtiger Grund für eine fristlose Kündigung sein.

Da in diesem Fall der Grund für die fristlose Kündigung im vertragswidrigen Verhalten des Arbeitgebers liegt (Verletzung der Fürsorgepflicht, siehe Seite 71), schuldet dieser vollen Schadenersatz. Das ist vor allem der Lohn für die Dauer der ordentlichen Kündigungsfrist. Weitere Schadenersatzforderungen sind denkbar, sofern die Angestellte einen Schaden nachweisen kann – zum Beispiel Arztkosten, die nicht durch die Versicherung gedeckt sind.

BUCHTIPP

Umfassende Informationen zum richtigen Verhalten bei Stellenverlust bietet dieser Beobachter-Ratgeber: **Job weg – meine Rechte. Wie weiter bei Kündigung und Arbeitslosigkeit?** www.beobachter.ch/buchshop

Voraussetzung: hieb- und stichfeste Beweise

Die fristlose Kündigung ist ein extremes Mittel, das Sie nur in Ausnahmefällen in Betracht ziehen sollten. Und vor allem nur dann, wenn Sie wirklich beweisen können – am besten mit einem Arztzeugnis –, dass es für Sie nicht mehr zumutbar ist, die Kündigungsfrist einzuhalten. Gelingt Ihnen der Beweis nicht, kann der Arbeitgeber den Spiess umdrehen und Sie seinerseits wegen ungerechtfertigten Verlassens der Arbeitsstelle zur Kasse bitten (Art. 337d OR). In der Regel ist daher eine ordentliche Kündigung unter Einhaltung der Kündigungsfrist vorzuziehen.

TIPP *Wenn Sie es an Ihrer Arbeitsstelle keinen Tag länger aushalten, lassen Sie sich krankschreiben oder verhandeln Sie über eine Freistellung (siehe Seite 132).*

Wenn der Arbeitgeber kündigt

Normalerweise kann man sich gegen eine Kündigung durch den Arbeitgeber nicht wehren. Doch keine Regel ohne Ausnahmen. In gewissen Situationen sind Arbeitnehmende vor einer Kündigung geschützt.

Eine Kündigung «zur Unzeit», zum Beispiel während einer Arbeitsunfähigkeit, ist ungültig. Und im Fall einer missbräuchlichen Kündigung, etwa bei einer Rachekündigung, können Arbeitnehmende wenigstens eine Entschädigung einklagen. Hier ein Überblick über die Bestimmungen zum Kündigungsschutz.

Schützende Kündigungssperrfristen

Angestellte, die in ihrer Möglichkeit, eine neue Stelle zu suchen, aus bestimmten Gründen eingeschränkt sind, geniessen einen zeitlich begrenzten Kündigungsschutz. Artikel 336c OR hält fest: «Nach Ablauf der Probezeit darf der Arbeitgeber das Arbeitsverhältnis nicht kündigen:

a. während die andere Partei schweizerischen obligatorischen Militäroder Schutzdienst oder schweizerischen Zivildienst leistet, sowie, sofern die Dienstleistung mehr als elf Tage dauert, während vier Wochen vorher und nachher;

b. während der Arbeitnehmer ohne eigenes Verschulden durch Krankheit oder durch Unfall ganz oder teilweise an der Arbeitsleistung verhindert ist, und zwar im ersten Dienstjahr während 30 Tagen, ab zweitem bis und mit fünftem Dienstjahr während 90 Tagen und ab sechstem Dienstjahr während 180 Tagen;

c. während der Schwangerschaft und in den 16 Wochen nach der Niederkunft einer Arbeitnehmerin;

d. während der Arbeitnehmer mit Zustimmung des Arbeitgebers an einer von der zuständigen Bundesbehörde angeordneten Dienstleistung für eine Hilfsaktion im Ausland teilnimmt.»

NACH MONATELANGEN QUÄLEREIEN hat Pia K. einen Nervenzusammenbruch. Als sie zwei Monate später immer noch nicht arbeitsfähig ist, schickt ihr der Arbeitgeber den blauen Brief. Pia K. muss diese Kündigung nicht akzeptieren. Da sie im dritten Dienstjahr ist, beträgt ihr Kündigungsschutz 90 Tage und diese sind zum Zeitpunkt der Kündigung noch nicht abgelaufen.

Kündigung während oder vor der Sperrfrist
Eine Kündigung, die während einer Sperrfrist – Juristen nennen dies «zur Unzeit» – ausgesprochen wurde, ist ungültig. Sie hat wie im Fall

von Pia K. keine Wirkung und muss nach Ablauf der Sperrfrist oder nach der Genesung des Mitarbeiters wiederholt werden. Nach Ablauf der Sperrfrist darf aber gekündigt werden, auch wenn die Arbeitsunfähigkeit weiter andauert. Dauert die Arbeitsunfähigkeit weniger lang, dann endet auch der Kündigungsschutz entsprechend früher.

Wurde die Kündigung vor Beginn einer Sperrfrist ausgesprochen und reicht das Ende der Kündigungsfrist in die Sperrfrist hinein, ist der blaue Brief gültig. Aber: Die Kündigungsfrist wird während der Dauer der Sperrfrist unterbrochen und erst anschliessend wieder fortgesetzt. Danach endet die Kündigungsfrist am nächstmöglichen Endtermin, in der Regel an einem Monatsende.

DANIEL Z. HAT DIE KÜNDIGUNG am 28. Mai auf Ende Juli erhalten. Im Juni ist er eine Woche krank. Während dieser Zeit steht die Kündigungsfrist still und verlängert sich somit bis zum 7. August. Gemäss gesetzlicher Vorschrift endete das Arbeitsverhältnis am folgenden Monatsende, also am 31. August.

Der Kündigungsschutz bei Krankheit gilt sowohl bei ganzer wie auch teilweiser Arbeitsunfähigkeit. Die Sperrfristen bei Mutterschaft und Militärdienst funktionieren gleich. Beachten Sie, dass es während der Probezeit noch keinen Kündigungsschutz gibt und dass die Sperrfristen nichts darüber aussagen, ob Sie während Ihrer Arbeitsunfähigkeit bezahlt sind oder nicht. Ein während längerer Zeit erkrankter Arbeitnehmer kann durchaus vor Kündigung geschützt sein, aber längst keinen Lohnanspruch mehr haben (siehe Seite 107).

INFO *Ist ein Arbeitnehmer wegen Krankheiten oder Unfällen, die untereinander in keinem Zusammenhang stehen, arbeitsunfähig, löst jede neue Krankheit und jeder neue Unfall eine erneute Sperrfrist aus, während der der Arbeitgeber nicht kündigen kann (BGE 120 II 124).*

ZUR UNZEIT GEKÜNDIGT – WAS TUN?
- Hat der Arbeitgeber trotz Sperrfrist gekündigt? Dann protestieren Sie mit eingeschriebenem Brief gegen die Kündigung.
- Gehen Sie in der Folge davon aus, dass Sie sich in einem ungekündigten Arbeitsverhältnis befinden mit allen Rechten und Pflichten.
- Belegen Sie Ihre Arbeitsunfähigkeit lückenlos mit Arztzeugnissen.
- Sobald sie wieder gesund sind, müssen Sie die Arbeit wieder aufnehmen oder zumindest (schriftlich) anbieten. Tun Sie dies nicht, kann der Arbeitgeber die Lohnzahlung verweigern. Der Arbeitgeber ist nicht verpflichtet, Sie zur Arbeit aufzufordern (BGE 115 V 437).

Zusammenbruch nach der Kündigung?

Vielen Mobbingopfern raubt die Kündigung durch den Arbeitgeber die letzten Kräfte. «Mir ging es schon vorher nicht gut», erzählt eine Frau, die monatelang von ihrem Chef schikaniert worden war. «Als ich dann die Kündigung bekam, konnte ich einfach nicht mehr und wurde krank». Auch in dieser Situation ist es wichtig, dem Arbeitgeber umgehend ein Arztzeugnis zukommen zu lassen und sich auf den Kündigungsschutz gemäss Artikel 336c OR zu berufen. Die Kündigung ist zwar gültig, wird aber, wie oben beschrieben, je nach Dauer der Erkrankung und Sperrfrist hinausgeschoben.

INFO *Viele Mobbingopfer sind – oft nach einer Erholungsphase – nicht mehr generell krank, sondern nur arbeitsunfähig in Bezug auf ihre gegenwärtige Stelle. Wenn dies so ist, wenn Sie also aus gesundheitlichen Gründen nicht mehr an Ihren Arbeitsplatz zurückkehren können, aber durchaus in der Lage wären, eine andere Arbeit zu suchen und auch anzutreten, spricht man von arbeitsplatzbezogener Arbeitsunfähigkeit. Das Arztzeugnis bezieht sich dann nur auf Ihre gegenwärtige Stelle. Nach*

Meinung diverser Gerichte spielen dann auch die Sperrfristen nicht, das heisst: Der Arbeitgeber kann Ihnen auf Ende der normalen Kündigungsfrist kündigen.

Die missbräuchliche Kündigung

Neben dem zeitlichen gibt es einen sachlichen Kündigungsschutz: Kündigt der Arbeitgeber aus besonders verwerflichen Motiven, ist die Kündigung missbräuchlich. Sie ist zwar trotzdem wirksam, betroffene Angestellte können aber eine finanzielle Entschädigung einklagen.

Sind bei einer Kündigung Diskriminierung oder sexuelle Belästigung im Spiel, kommen besondere Regeln zur Anwendung (siehe Seite 89).

Das Gesetz nennt eine ganze Liste von unfairen, unlauteren, verwerflichen und damit missbräuchlichen Kündigungsgründen, etwa die Kündigung wegen einer persönlichen Eigenschaft wie Hautfarbe, Geschlecht, sexuelle Neigung. Für Mobbingopfer relevant ist vor allem das Verbot von Rachekündigungen – von Kündigungen, die ausgesprochen werden, weil Angestellte sich auf korrekte Weise für ihre Rechte gewehrt haben (Art. 336 OR).

Persönlichkeitsverletzende Kündigung
Auch eine grundsätzlich zulässige Kündigung kann missbräuchlich sein, nämlich dann, wenn die Art und Weise, wie sie ausgesprochen wurde, eine schwere Persönlichkeitsverletzung darstellt. Zum Beispiel, wenn die gekündigte Angestellte gedemütigt und vor der ganzen Belegschaft blossgestellt wurde.

Wörtlich meinte das Bundesgericht in einem konkreten Fall: «Selbst wenn eine Partei die Kündigung rechtmässig erklärt, muss sie das Gebot schonender Rechtsausübung beachten. Sie darf insbesondere kein falsches und verdecktes Spiel treiben, das Treu und Glauben krass widerspricht. [...] Namentlich eine schwere Persönlichkeitsverletzung im Umfeld einer Kündigung kann diese als missbräuchlich erscheinen lassen, auch wenn das Verhalten für die Kündigung nicht kausal war.» (BGE 125 III 70) In derartigen Fällen lohnt es sich auf jeden Fall, sich rechtlich beraten zu lassen und vorsorglich gegen die Kündigung zu protestieren (siehe auch Gerichtsurteile ab Seite 159).

Lässt sich der Missbrauch beweisen?
Wenn Sie der Meinung sind, dass Ihnen missbräuchlich gekündigt wurde, müssen Sie dies beweisen können. Sie müssen belegen, dass es sich zum Beispiel um eine Rachekündigung handelt – und nicht etwa um eine organisatorische Massnahme, wie der Arbeitgeber möglicherweise geltend macht.

Sammeln Sie bei Konflikten am Arbeitsplatz deshalb laufend schriftliche Beweise – zum Beispiel Gesprächsprotokolle und Protestschreiben – und führen Sie ein Mobbingtagebuch (siehe Seite 40). Fehlende

---

WAS GILT BEI MOBBING?
Laut Bundesgericht ist eine Kündigung noch nicht allein deswegen missbräuchlich, weil die gekündigte Person gemobbt wurde. Missbräuchlich ist die Kündigung aber dann, wenn einer Person gekündigt wird:
- Weil sie sich auf korrekte Weise gegen Mobbing zur Wehr gesetzt hat
- Weil sie den Arbeitgeber an seine Fürsorgepflicht erinnert und ihn aufgefordert hat, Abhilfe zu schaffe
- Wegen einer Leistungseinbusse, die auf Mobbing zurückzuführen ist
- Wegen Konflikten mit anderen Angestellten, wenn der Arbeitgeber es trotz Aufforderung unterlassen hat, angemessene Massnahmen zu treffen, um die bestehenden Konflikte unter den Mitarbeitenden zu schlichten (siehe auch Gerichtsurteil auf Seite 162)

Beweise sind der Hauptknackpunkt im Zusammenhang mit missbräuchlichen Kündigungen. Nur wenige Arbeitgeber sind so ungeschickt, ihren missbräuchlichen Kündigungsgrund offen zuzugeben.

> **TIPP** *Die Tatsache, dass der Arbeitgeber die Kündigung nicht begründet hat oder dass die Begründung nicht den Tatsachen entspricht, ist noch kein Beweis für die Missbräuchlichkeit. Laut Bundesgericht stellt die unwahre Begründung als solche noch keinen Rechtsmissbrauch dar (BGE 121 III 60).*

So wehren Sie sich
Protestieren Sie gegen eine missbräuchliche Kündigung unbedingt noch während der Kündigungsfrist schriftlich, und zwar mit eingeschriebenem Brief. Eine E-Mail genügt nicht (Musterbrief im Anhang).

Ist eine gütliche Einigung mit dem Arbeitgeber nicht möglich, können Sie eine finanzielle Entschädigung geltend machen. Dazu müssen Sie innerhalb 180 Tagen nach Beendigung des Arbeitsverhältnisses Klage gegen den Arbeitgeber einreichen. Die Entschädigung wird vom Richter unter Würdigung aller Umstände – Anlass der Kündigung, Art und Dauer des Arbeitsverhältnisses, Ausmass der Persönlichkeitsverletzung – festgelegt und beträgt maximal sechs Monatslöhne (Art. 336a OR).

Können Sie eine schwere Persönlichkeitsverletzung nachweisen, können Sie über die Entschädigung hinaus auch eine Genugtuung fordern. Doch dies ist nur in gravierenden Ausnahmefällen erfolgversprechend. Lassen Sie sich rechtlich beraten!

> **TIPP** *Halten Sie die Fristen unbedingt ein! Ist die Kündigungsfrist erst einmal abgelaufen, ist gegen eine missbräuchliche Kündigung nichts mehr zu machen. Auch die 180-tägige Frist für die Klageeinreichung müssen Sie strikte einhalten, sonst ist jeder Anspruch verwirkt (Art. 336b OR).*

Wann darf der Arbeitgeber fristlos kündigen?

Fristlose Kündigungen dürfen nur in Ausnahmefällen aus wichtigen Gründen ausgesprochen werden, wenn «dem Kündigenden nach Treu und Glauben die Fortsetzung des Arbeitsverhältnisses nicht mehr zugemutet werden darf» (Art. 337 OR). Das Vertrauensverhältnis muss so schwer gestört sein, dass die sofortige Auflösung des Arbeitsverhältnisses als einziger Ausweg erscheint (BGE 116 II 42). Die fristlose Entlassung beendet das Arbeitsverhältnis per sofort. Eine weitere Lohnzahlung ist nicht mehr geschuldet. Im Streitfall ist es Sache des Kündigenden, den wichtigen Grund zu beweisen. Gründe für eine fristlose Entlassung können sein:

- Vergehen wie Diebstahl, Betrug, Fälschen von Spesenabrechnungen oder Arztzeugnissen
- Wiederholte und beharrliche Arbeitsverweigerung, unberechtigtes Fernbleiben vom Arbeitsplatz, eigenmächtiger Ferienbezug, trotz Verwarnung durch den Arbeitgeber
- Schwerer Vertrauensbruch wie Verrat von Geschäftsgeheimnissen, Konkurrenzierung des Arbeitgebers
- Krass falsche Angaben bei der Stellensuche, die im Zusammenhang mit der betreffenden Stelle wesentlich sind.

Häufig krank: kein Grund für einen Fristlosen

Ein schlechtes Arbeitsklima oder auch ungenügende Leistungen reichen nicht aus, um jemanden fristlos zu entlassen. Auch Pflichtverletzungen des Arbeitnehmers, die ihren Ursprung in einer momentanen oder dauernden Überforderung haben – zum Beispiel wegen Mobbing – und nicht auf Unredlichkeit beruhen, rechtfertigen keine fristlose Entlassung. Und auf keinen Fall darf der Arbeitgeber Sie fristlos auf die Strasse stellen, weil Sie häufig arbeitsunfähig sind.

Zu Unrecht gefeuert – wie reagieren?

Gegen eine ungerechtfertigte fristlose Entlassung sollten Sie umgehend in einem eingeschriebenen Brief protestieren (Muster im Anhang). Beginnen Sie sofort mit der Stellensuche. Vor Gericht können Sie den Lohn für die ordentliche Kündigungsfrist geltend machen (Art. 337c OR). Zusätzlich kann der Richter den Arbeitgeber auf Ihren Antrag hin verpflichten, Ihnen eine Entschädigung zu bezahlen. Sie wird vom Richter nach freiem Ermessen festgelegt und beträgt wie bei der missbräuchlichen Kündigung maximal sechs Monatslöhne.

TIPP *Die fristlose Entlassung – auch die ungerechtfertigte – beendet das Arbeitsverhältnis sofort. Damit endet auch der Versicherungsschutz, den Arbeitnehmer geniessen. Die obligatorische Unfallversicherung endet beispielsweise 31 Tage nach Beendigung des Arbeitsverhältnisses. Fristlos Entlassene, die nicht gleich wieder eine Stelle antreten oder nicht sofort stempeln gehen, sollten mit dem bisherigen Unfallversicherer eine sogenannte Abredeversicherung abschliessen und dadurch den Versicherungsschutz um maximal weitere sechs Monate verlängern.*

Vertragsauflösung im gegenseitigen Einverständnis

Wenn Sie wegen Mobbing aus einem Betrieb ausscheiden, kann es sich lohnen, mit dem Arbeitgeber über eine Vertragsauflösung im gegenseitigen Einvernehmen zu verhandeln.

NACH JAHRELANGEM MOBBING erhält Walter F. von seinem Arbeitgeber die Kündigung. Während des zutiefst demütigenden Kündigungsgesprächs wird ihm klar, dass er es nicht mehr ertragen kann, auch nur einen Tag länger in diesem Unternehmen zu arbeiten. Seine Hausärztin, die die Situation kennt, schreibt ihn krank. Für Walter F. ist dies jedoch eine unbefriedigende Lösung. Er kann zwar nicht an seinen Arbeitsplatz zurück – wirklich krank ist er jedoch auch nicht. Am liebsten würde er einen Schlussstrich unter die Vergangenheit ziehen und sich nur noch der Stellensuche widmen. Verzichtet er jedoch auf Einhaltung der (durch die Krankschreibung verlängerten) Kündigungsfrist, handelt er sich Probleme mit der Arbeitslosenversicherung ein. Was also soll er tun?

Richtig verhandeln
Im Fall von Walter F. liegt eine gütliche Einigung durchaus im Interesse beider Parteien. Walter F.s Dilemma wäre mit einer Freistellung während der Kündigungsfrist gelöst: Er müsste ab sofort nicht mehr arbeiten, bräuchte auch kein Arztzeugnis und könnte sich voll der Stellensuche widmen. Weitere Verhandlungspunkte wären ein gutes Arbeitszeugnis, eine allfällige Entschädigung für das jahrelange Mobbing oder Outplacement-Beratung (professionelle Hilfe bei der Stellensuche). Der Arbeitgeber seinerseits hat auch kein Interesse daran, dass die Kündigungsfrist von Walter F. wegen Arbeitsunfähigkeit womöglich um Monate verlängert wird. Ausserdem möchte er eine brodelnde Gerüchteküche sowie eine mögliche Klage wegen missbräuchlicher Kündigung vermeiden. In einem solchen Fall lohnt es sich, zu verhandeln.

Vereinbarungen mit dem Arbeitgeber über eine Vertragsauflösung im gegenseitigen Einvernehmen sind aber nicht ohne Tücke. Beachten Sie auf jeden Fall folgende Punkte:
- Stimmen Sie keiner Verkürzung der Kündigungsfrist zu, es sei denn, Sie haben eine neue Stelle.
- Stimmen Sie keiner Vertragsauflösung zu, solange Sie vollständig arbeitsunfähig sind (also nicht nur arbeitsplatzbezogen) und einen Kündigungsschutz geniessen.

- Verhandeln Sie über eine Freistellung während der Kündigungsfrist. Die Einzelheiten sollten schwarz auf weiss geregelt sein.
- Unterschreiben Sie keine Klausel «per Saldo aller Ansprüche», wenn Sie nicht sicher sind, dass alles seine Richtigkeit hat.
- Beharren Sie auf einem fairen, wahrheitsgetreuen Arbeitszeugnis.
- Prüfen Sie, ob die Vereinbarung ein fairer Kompromiss ist, bei dem beide Parteien gleichwertige Zugeständnisse machen.
- Lassen Sie die Abmachung im Zweifelsfall von einer Fachperson überprüfen.

TIPPS *Oft werden Angestellte überrumpelt und unter Druck gesetzt, sofort ein vorgefertigtes Schreiben zu unterzeichnen. Das müssen Sie nicht akzeptieren. Verlangen Sie immer Bedenkzeit!*

Aber auch wenn Sie eine schlechte Vereinbarung voreilig unterschrieben haben, ist unter Umständen noch nicht alles verloren. Arbeitnehmer haben von Gesetzes wegen zwingende Ansprüche, auf die sie bis einen Monat nach Beendigung des Arbeitsverhältnisses nicht gültig verzichten können, zum Beispiel Ferienansprüche (Art. 341 OR). Lassen Sie die Abrechnung von einer Fachperson überprüfen.

Blick nach vorn – die Zukunft anpacken

Sobald sich abzeichnet, dass Sie in Ihrem gegenwärtigen Betrieb keine Zukunft mehr haben, sollten Sie Ihre Fühler auf dem Arbeitsmarkt ausstrecken. **Je aktiver Sie die Zukunft angehen, desto grösser sind Ihre Erfolgsaussichten.**

Schaffen Sie sich für Ihre Stellensuche, den beruflichen Neustart eine gute Ausgangslage. Achten Sie auf ein gutes Arbeitszeugnis, regeln Sie die Frage der Referenzauskünfte und gehen Sie mit einer positiven Grundhaltung auf die Suche nach einer neuen Herausforderung.

Rasch eine neue Stelle suchen

Es ist ratsam, frühzeitig mit der Stellensuche zu beginnen. Wer sein Schicksal aktiv in die Hand nimmt, ist immer besser dran, als derjenige, der in passiver Wartestellung verharrt. Zudem hilft Ihnen die zukunftsgerichtete Tätigkeit der Stellensuche, die Misere an Ihrem gegenwärtigen Arbeitsplatz besser zu verkraften.

Die passende Stelle zu finden, erfordert viel Zeit. Suchen Sie daher auf mehreren Kanälen gleichzeitig:

- Durchforsten Sie im Internet alle paar Tage die Stellenportale und Jobbörsen (einige finden Sie im Anhang).
- Stellen Sie Ihr Profil auf den für Ihr Tätigkeitsgebiet relevanten Jobbörsen ins Internet.
- Lesen Sie auch regelmässig die Stellenanzeigen in Fachzeitschriften und Zeitungen.

- Kontaktieren Sie ein paar wenige auf Ihre Branche spezialisierte Stellenvermittlungsbüros und Personalberatungen.
- Treten Sie mit einer Spontanbewerbung von sich aus in Kontakt mit interessanten Firmen.

Aktivieren Sie Ihr Beziehungsnetz
Falls Sie Angst haben, keine neue Stelle zu finden, wenden Sie sich an eine Laufbahnberatung. Erkundigen Sie sich nach Weiterbildungsmöglichkeiten und lassen Sie Ihr Bewerbungsdossier überprüfen und auf den neusten Stand bringen. Aktivieren Sie Ihr Beziehungsnetz: Bekannte, (ehemalige) Geschäftspartner, Arbeits- und Schulkollegen. Beziehungen sind immer noch der beste Weg, zu einer neuen Stelle zu kommen.

Vermeiden Sie, sich bei diesen Personen – und auch in Vorstellungsgesprächen – über das erlebte Mobbing zu beklagen. Sprechen Sie lieber von der neuen Herausforderung, die Sie suchen. Erwähnen Sie allenfalls, dass die Chemie an Ihrem gegenwärtigen Arbeitsplatz einfach nicht mehr stimmt, und lassen Sie es dabei bewenden. Negative Äusserungen über ehemalige Arbeitgeber hinterlassen einen schlechten Eindruck.

BUCHTIPP

Umfassende Hilfe und viele praktische Ratschläge für die Stellensuche finden Sie in diesen Beobachter-Ratgebern: **Stellensuche mit Erfolg** und **50 plus – Neuorientierung im Beruf.**
www.beobachter.ch/buchshop

Ihre Präsenz im Internet
Überprüfen Sie Ihre Präsenz im Internet. Geben Sie Ihren Namen bei Google ein – welche Informationen über Sie erscheinen dann? Das Bild, dass von Ihnen entsteht, können Sie positiv beeinflussen:
- Falls Sie noch kein Profil bei den Business-Netzwerken LinkedIn und/oder Xing haben, erstellen Sie eines, am besten gleich auf beiden. Beide Plattformen unterstützen Sie mit Tipps zum Erstellen.
- Falls Sie schon ein Profil haben, überprüfen Sie es. Ist die Beschreibung Ihrer Person, Ihrer beruflichen Qualifikationen und Stärken

aktuell? Wirkt Ihr Foto sympathisch und kompetent (nicht zu freizeitorientiert)?
- Erhöhen Sie Ihre Präsenz im Netz. Verfassen Sie Beiträge in Fach-Blogs, versehen Sie interessante Beiträge mit überlegten Kommentaren. Machen Sie in einer Gruppe mit, die Ihren beruflichen Interessen entspricht.

Nicht zuletzt knüpfen Sie über solche Aktivitäten neue Kontakte, lernen Leute aus Ihrer Branche kennen, die Ihnen möglicherweise die Tür zu einer neuen Stelle öffnen können.

Kämpfen lohnt sich: das Arbeitszeugnis

Angestellte können jederzeit vom Arbeitgeber ein Zeugnis verlangen, das sich über die Art und Dauer des Arbeitsverhältnisses sowie über ihre Leistungen und ihr Verhalten aussprechen muss (Art. 330a OR). Sie können also bereits während des Arbeitsverhältnisses um ein Zwischenzeugnis ersuchen – was etwa bei einem Chefwechsel unbedingt zu empfehlen ist. Jederzeit bedeutet: Innerhalb von zwei bis drei Wochen sollten Sie Ihr Zeugnis bekommen.

Ein gutes Arbeitszeugnis kann mehr wert sein als Geld. Es hilft Ihnen, rasch eine neue Stelle zu finden. Ein schlechtes Arbeitszeugnis

---

NUR EINE ARBEITSBESTÄTIGUNG?
Auf Wunsch des Arbeitnehmers kann sich das Zeugnis auf Angaben über Art und Dauer des Arbeitsverhältnisses – ohne jede Leistungsbeurteilung – beschränken. Eine solche Arbeitsbestätigung macht jedoch einen schlechten Eindruck und ist höchstens bei sehr kurzen Arbeitsverhältnissen zu empfehlen.

---

hingegen ist wie eine Bleikugel, die man das ganze Berufsleben mitschleppt und die einem die Chancen vermiest. Da lohnt es sich, zu kämpfen.

Wie kann ich mich wehren?
Wenn Sie ein Zeugnis erhalten haben, das Sie nicht akzeptieren können, sollten Sie das Gespräch mit dem Verfasser suchen. Nicht jede ungünstige Wendung muss Absicht sein.
Im Notfall bleibt der Gang zum Gericht (siehe Seite 87). Formulieren Sie selber einen Ihnen angemessen erscheinenden Text und reichen Sie diesen dem Gericht ein. Zeugnisprozesse sind in der Regel kostenlos.

> **BUCHTIPP**
> Umfassende Informationen zu Arbeitszeugnissen und was sie aussagen, finden Sie in diesem Ratgeber: **Fair qualifiziert? Mitarbeitergespräche, Arbeitszeugnisse, Referenzen.**
> www.beobachter.ch/buchshop

> **TIPP** *Wollen Sie sicher sein, dass Ihr Arbeitszeugnis korrekt ist? Als Abonnentin oder Abonnent des Beobachters haben Sie die Möglichkeit, Ihr Zeugnis von Fachleuten überprüfen zu lassen (Kosten: 180 Franken). Mehr dazu erfahren Sie unter www.beobachter.ch/beratung (→ Arbeitszeugnis).*

Worauf achten bei Referenzauskünften?

Mit der Auflösung des Arbeitsverhältnisses ist das Mobbing nicht unbedingt beendet. Was tun, wenn die ehemalige Arbeitgeberin negative Auskünfte über Sie erteilt und Ihnen somit bei der Stellensuche massiv schadet?

Das Datenschutzgesetz untersagt die Weitergabe von besonders schützenswerten Personendaten oder Persönlichkeitsprofilen, wenn sie nicht durch Einwilligung des Betroffenen, durch ein überwiegendes privates oder öffentliches Interesse oder durch das Gesetz gerechtfertigt ist (Art. 12 / 13 DSG). Ein Arbeitgeber darf also nur dann

Auskünfte über einen ehemaligen Mitarbeiter erteilen, wenn dieser zugestimmt hat. Anders gesagt: Sie können Ihrer ehemaligen Arbeitgeberin verbieten, Auskünfte über Sie zu erteilen. Die Frage der Referenzen regeln Sie am besten schriftlich beim Austritt aus der Firma.

> **INFO** *Informationen des Eidgenössischen Datenschutzbeauftragten zum Thema Referenzen finden Sie im Internet unter www.edoeb.admin.ch/themen (Datenschutz → Arbeitsbereich → Bewerbungsverfahren → Erläuterungen zu Referenzauskünften im Bewerbungsverfahren).*

Mobbing verarbeiten

Mobbing ist ein lange nachwirkendes Gift. Die erlebten Kränkungen lassen sich nicht von heute auf morgen abstreifen. Rechnen Sie damit, dass Sie noch längere Zeit, vielleicht jahrelang, die Nachwirkungen der bösen Erfahrungen spüren werden. Verlangen Sie nicht von sich selber, dass Sie sofort wieder zu 100 Prozent «funktionieren».

Lassen Sie sich auch noch während Ihres Neubeginns von einer Fachperson beraten und begleiten. Sie kann Ihnen helfen, das Erlebte zu verarbeiten und allfällige Probleme und Unsicherheiten an der neuen Arbeitsstelle richtig einzuordnen. In vielen Fällen ist sogar eine Therapie nötig und sinnvoll. «Personen, die wieder eine Arbeit finden, die alten Konflikte jedoch nicht verarbeitet haben, laufen Gefahr, die Probleme der früheren Arbeitsstelle an den neuen Arbeitsplatz mitzunehmen», erklärt der Psychologe und Mobbingexperte Klaus Schiller-Stutz. «Durch Projektionen und andere Abwehrmechanismen kommen sie in eine ähnliche Rolle und wiederholen die Geschichten immer wieder. Die gehäuften Stellenwechsel von betroffenen Personen können – trotz bester Qualifikationen und hoher sozialer Kompetenz – auf dieses Phänomen zurückgeführt werden.»

6

So beugen Firmen Mobbing vor

Die Verantwortung der Chefs

«Mobbing bricht aus, weil es geschehen darf. Und es kann geschehen, weil sich niemand in der Chefetage um diese Dinge kümmert oder weil man ihnen sogar indirekt oder direkt Vorschub leistet.»

Nachzulesen ist dies im Standardwerk über den Psychoterror am Arbeitsplatz von Heinz Leymann, dem Begründer der modernen Mobbingforschung (siehe Seite 14). Leymann betont, ihm sei kein Fall bekannt, wo Vorgesetzte den Konflikt nicht schon früh hätten in den Griff bekommen können. Führungskräfte spielen beim Entstehen von Mobbing eine entscheidende Rolle.

Wenn Vorgesetzte versagen

Eine der Hauptursachen dafür, dass sich Mobbing in einem Betrieb etablieren und ausbreiten kann, ist also im Versagen der Chefs zu suchen. Das zeigt auch das Beispiel von Nicole R.

DIE MITTDREISSIGERIN WURDE ALS LEITERIN der Cafeteria eines Altersheims eingestellt mit der klaren Vorgabe, etliche Änderungen durchzuführen. Ihre Vorgängerin war nach 26 Jahren pensioniert worden, fällige Neuerungen hatte man aufgeschoben. Frau R.s Vorgesetzte unterliessen es jedoch, das Team über die geplanten Änderungen zu informieren und der neuen Leiterin den Rücken zu stärken. Sie stiess von Anfang an auf erbitterten Widerstand, hauptsächlich vonseiten ihrer Stellvertreterin. Die 60-jährige M., die jahrzehntelang mit der Vorgängerin zusammengearbeitet hatte, schwärzte sie im Team an und beklagte sich hinter ihrem Rücken beim nächsthöheren Vorgesetzten. Nicole R. stand allein da. Ihr Chef half ihr nicht. «Das Ganze war ihm unangenehm, er war wie ein Blatt im Wind, gab jedem recht, der gerade bei ihm war», erinnert sie sich. Erschwerend kam hinzu, dass M. mit dem Direktor befreundet war und sich regelmässig mit dessen Frau zum Tennis traf. «Wenn ich versuchte, meine Sicht der Dinge darzulegen, stellte mich M. als Lügnerin hin. Dies erfuhr ich aber immer nur indirekt und im Nachhinein. Ich hatte bei allem, was ich tat, das Gefühl, einen Schritt zu spät zu sein», so Nicole R. Eine Supervision scheiterte am Widerstand von M. Schliesslich erkannte Nicole R: «Hier habe ich nichts mehr verloren.»

Was Nicole R. erlebt hat, ist bezeichnend für das Verhalten vieler Führungskräfte, wenn sie mit zwischenmenschlichen Konflikten konfrontiert werden. Meist ist es nicht böser Wille, sondern Überforderung oder Bequemlichkeit, die Vorgesetzte daran hindern, die nötigen Massnahmen zu ergreifen. Ausserdem stehen Chefs häufig unter Druck, die Zahlen müssen stimmen, Termine sind einzuhalten. Da werden Personen, die sich über Mobbing beklagen, als Sand im Getriebe wahrgenommen, den es zu entfernen gilt, damit die Rädchen weiterhin reibungslos laufen.

Doch das Ignorieren von Mobbing und Ausschalten der Betroffenen ist nur scheinbar eine Lösung. Solange die Ursachen des Konflikts nicht behoben werden, sind weitere Krisen programmiert. Es ist bezeichnend, dass viele Mobbingbetroffene übereinstimmend aussagen, sie seien nicht der oder die Erste, die Derartiges erlebten. «Vor mir sind schon sechs andere Personen gegangen», heisst es dann etwa, oder: «In dieser Abteilung gibt es unheimlich viel Personalwechsel.» Auch die Nachfolgerin von Nicole R. dürfte mit ähnlichen Problemen konfrontiert werden, wenn die Führung des Altersheims ihre Haltung nicht grundsätzlich ändert.

Motivation und Produktivität leiden

Führungskräfte sind verpflichtet, ihre Untergebenen vor Mobbing zu schützen. Dabei handelt es sich um eine doppelte Verpflichtung, denn auch ihre Treuepflicht als Arbeitnehmer gebietet es den leitenden Angestellten, destruktive Machenschaften zu verhindern. Mobbing hat nicht nur dramatische Auswirkungen auf die berufliche Situation der Mobbingopfer, sondern vergiftet das Betriebsklima und beeinträchtigt die Motivation der verbleibenden Angestellten. Den betroffenen Firmen entstehen durch das Versagen der Führungskräfte bei der Mobbingverhütung immense Kosten – die sich heutzutage eigentlich kein Unternehmen leisten kann.

Prävention: geeignete Massnahmen im Betrieb

Vorbeugen ist besser als reparieren. Mobbingprävention heisst, die betrieblichen Rahmenbedingungen so zu gestalten, dass die Zusammenarbeit der Mitarbeitenden möglichst frei von Konflikten, Stress und Angst stattfinden kann.

Wo Angestellte unter wachsendem Druck und mit der Furcht vor Stellenverlust im Nacken immer mehr und immer anspruchsvollere Arbeit verrichten müssen, mag vielleicht kurzfristig die Leistung des oder der Einzelnen steigen. Längerfristig leiden jedoch die Motivation, die Kreativität, die Freude an der Arbeit und nicht zuletzt die

Identifikation mit der Firma. Mögliche Folgen sind Burn-out, innere Kündigung, Spannungen und Rivalitäten, aber auch Fehlhandlungen sowie vermehrte krankheitsbedingte Absenzen. Verschiedene Untersuchungen haben gezeigt, dass Mobbingbetroffene unter besonders schlechten Bedingungen arbeiten: hohe Belastung, wenig Handlungsspielraum, wenig soziale Unterstützung.

Folgende Faktoren in einem Unternehmen sind geeignet, Mobbingprozesse zu begünstigen:
- Diffuse oder ständig ändernde Ziele
- Mangelhafte Information der Mitarbeitenden
- Unklare Verantwortlichkeiten und Kompetenzverteilungen, Überschneidung von Aufgabenbereichen
- Autoritärer Führungsstil, übertriebene Kontrolle, wenig Eigenverantwortung
- Dulden von informellen Seilschaften, «grauen Eminenzen», Absprachen hinter den Kulissen und ähnlichem intrigantem Verhalten

Die Zufriedenheit der Mitarbeiter erfassen

Zufriedene Mitarbeiterinnen und Mitarbeiter mobben nicht. Funktionierende Abteilungen, in denen alle an einem Strick ziehen, richten ihre Energie auf die Erfüllung ihrer Aufgaben und nicht auf interne Querelen. Zufriedene Mitarbeiter sind auch gesünder und fehlen weniger. Schon aus wirtschaftlichen Gründen lohnt es sich daher, das Betriebsklima und die Mitarbeiterzufriedenheit im Auge zu behalten und eine Atmosphäre des Vertrauens und der Solidarität zu schaffen.

Befragungen und Meckerbriefkasten
Der regelmässige Dialog mit den Angestellten und ein transparenter Informationsfluss ermöglichen es, allfällige Konflikte frühzeitig zu

erkennen und anzugehen. Durch Befragungen und die regelmässige Auswertung von institutionalisierten Mitarbeitergesprächen lassen sich die Stimmung im Betrieb und die allgemeine Zufriedenheit der Angestellten erfassen.

Sinnvoll ist auch die Einrichtung eines «Meckerbriefkastens», in dem die Angestellten Anregungen, Kritik oder Ärger deponieren können. Wichtig ist, dass sich die Mitarbeitenden übers Arbeitsklima von Zeit zu Zeit auch in anonymen Befragungen äussern können. Nur so sind wirklich ehrliche Rückmeldungen zu erwarten.

TIPP *Mit Zufriedenheitsumfragen ist es nicht getan. Kritische Feedbacks müssen Massnahmen zur Verbesserung der Situation nach sich ziehen – und dies innerhalb nützlicher Frist. Sonst fühlen sich die Mitarbeitenden zu Recht nicht ernst genommen.*

Gibt es Abteilungen mit überdurchschnittlicher Personalfluktuation und erhöhten krankheitsbedingten Absenzen? Mobbing kann eine mögliche Ursache für derartige Entwicklungen sein. Es empfiehlt sich

---

SCHULUNG DER FÜHRUNGSKRÄFTE

Da Vorgesetzte eine Schlüsselposition bei der Mobbingprävention haben, ist es wichtig, sie zu sensibilisieren und weiterzubilden, sodass sie Konflikte und Mobbinghandlungen frühzeitig erkennen und sinnvoll eingreifen können. Der Umgang mit Mobbing muss auch in den allgemeinen Führungsgrundsätzen eines Unternehmens thematisiert werden. Moderner Gesundheitsschutz umfasst nicht nur technische und ergonomische Aspekte, sondern auch den Schutz vor psychosozialen Belastungen. Informationen hierzu finden Sie auf der Website des Seco: www.seco.admin.ch (→ Arbeit → Arbeitsbedingungen → Gesundheitsschutz am Arbeitsplatz).

deshalb, Angestellte, die häufig krank sind, speziell zu befragen und ihre Probleme ernst zu nehmen. Auch Austrittsgespräche können wertvollen Aufschluss über das Betriebsklima geben.

Ein schriftliches Leitbild erarbeiten

Im Betrieb sollte ein allgemeiner Konsens darüber herrschen, dass man auf allen Ebenen und unabhängig von der hierarchischen Position fair und respektvoll miteinander umgeht. Eine solche Grundsatzerklärung hält man am besten in einer speziellen Betriebsvereinbarung gegen Mobbing, sexuelle Belästigung und Diskriminierung fest.

Allen Mitarbeitenden sollte klar sein, was Mobbing ist und dass der Betrieb derartige Handlungen – wie auch sexuelle Belästigung und Diskriminierungen aller Art – nicht duldet. Bekannt sein müssen auch die Konsequenzen, die Täterinnen und Täter zu erwarten haben. Die Betroffenen wiederum müssen wissen, wo sie wenn nötig Hilfe holen können und wie ein internes Beschwerdeverfahren abläuft.

Den Vorgesetzten bietet eine solche Vereinbarung Orientierung und gibt ihnen die nötige Legitimation, mit Nachdruck einzugreifen, wenn gewisse Vorkommnisse Mobbing befürchten lassen.

Wichtig: die Mitarbeiterinformation

Leider schlummert so manche gut gemeinte Grundsatzerklärung unbeachtet in irgendwelchen Schubladen. Damit ein Leitbild oder Reglement nicht zur Alibiübung verkommt, müssen die Vorgesetzten die Botschaft auf nachhaltige Weise unter die Belegschaft bringen – zum Beispiel durch eine Aufklärungskampagne. Dazu gibt es verschiedene Möglichkeiten:
- Artikel in der Personalzeitung oder im Intranet
- Informationsveranstaltungen, Vorträge externer Fachleute, Videos über Mobbing mit anschliessender Diskussion

- Aufklärung über Rechte und Pflichten am Arbeitsplatz, insbesondere über die Treuepflicht des Arbeitnehmers und die Fürsorgepflicht des Arbeitgebers sowie über Gesundheitsschutz
- Thematisieren des Problems an Sitzungen
- Workshops mit Erfahrungsaustausch unter den Teilnehmenden

Anlaufstellen schaffen

Die Mitarbeiterinnen und Mitarbeiter eines Unternehmens müssen wissen, an wen sie sich wenden können, wenn sie sich belästigt oder schikaniert fühlen und wenn Gespräche mit dem direkten Vorgesetzten keine Lösung bringen. Im Idealfall stehen mindestens ein Mann und eine Frau, die die nötige Fachkompetenz besitzen, als Ansprechpersonen zur Verfügung. Dabei müssen Gespräche möglich sein, die absolut vertraulich behandelt werden und nicht gleich Eingang in die Personalakte finden. Die Ansprechpartner haben vor allem folgende Aufgaben:

- Zuhören, und Vertrauen schaffen, ohne gleich Partei zu ergreifen
- Rechtliche und psychologische Beratung, im Sinn einer ersten Hilfe
- Gespräche mit den Beteiligten und ihren Vorgesetzten initiieren und begleiten
- Schlichten, vermitteln, Lösungsvorschläge erarbeiten
- Massnahmen zum Schutz des Opfers anregen: organisatorische Massnahmen, Gewährleistung ärztlicher oder psychotherapeutischer Hilfe

Nicht immer wird allerdings den internen Anlaufstellen das nötige Vertrauen entgegengebracht. «Wenn du heute zum HR gehst, weiss es morgen dein Chef – das war ein geflügeltes Wort in unserer Firma», berichtet ein Mobbingopfer. Es gibt daher Unternehmen, die diese

Aufgabe externen Beratungsfirmen oder Psychologen übertragen, deren Unvoreingenommenheit garantiert ist.

Mehrere Firmen – eine Anlaufstelle

Hat eine Firma keine unabhängige Anlaufstelle, kann sie laut einem Bundesgerichtsentscheid unter Umständen dazu verpflichtet werden, eine solche zu schaffen. Im konkreten Fall hatte sich die Angestellte einer Treuhandgesellschaft ans Arbeitsinspektorat gewandt und sich wegen mangelnden Konfliktmanagements über ihren Arbeitgeber beschwert. Das Arbeitsinspektorat verlangte von der Firma Aufschluss über die internen Regeln bei Arbeitskonflikten. Das eingereichte Reglement sah lediglich einen internen Ablauf vor, aber keine Möglichkeit, eine Person ausserhalb der Hierarchie beizuziehen. Das Arbeitsinspektorat wies die Firma daraufhin an, eine unabhängige Anlaufstelle zu bezeichnen und die Mitarbeiter entsprechend zu informieren. Obwohl es sich um eine relativ kleine Firma handelte, erachtete das Bundesgericht eine solche Massnahme als notwendig und verhältnismässig und meinte, KMU könnten sich ja zusammenschliessen und eine gemeinsame Anlaufstelle schaffen (Bundesgerichtsentscheid 2C_462/2011 vom 9.5.2012).

Eingreifen: Probleme früh ansprechen

Nicht weg- oder zuschauen, sondern eingreifen und die Probleme zur Sprache bringen – so lautet die Devise, wenn sich Konflikte und Spannungen im Team abzeichnen. Dabei sollten Vorgesetzte nicht gleich auf der Täter-Opfer-Schiene operieren.

Fachleute raten zu einer grundsätzlich nicht strafenden, auf gegenseitige Verständigung ausgerichteten Haltung gegenüber den vermuteten Übeltätern. Wenn alle Beteiligten die Möglichkeit erhalten, zunächst einzeln, später auch im gemeinsamen Gespräch ihre Sicht der Dinge darzulegen und Probleme offen zu besprechen, lässt sich am ehesten eine weitere Eskalation und Verhärtung der Positionen vermeiden. Dabei muss der Vorgesetzte aber deutlich zum Ausdruck bringen, dass gewisse Verhaltensweisen unerwünscht sind und nicht geduldet werden.

Wenn auf Versöhnung ausgerichtete Schlichtungsversuche keine Wirkung zeigen, kommt der Vorgesetzte natürlich nicht darum herum, mobbende Untergebene energisch in die Schranken zu weisen und ihnen auch die möglichen Konsequenzen ihres Verhaltens aufzuzeigen. Mobbing kann in schweren Fällen durchaus ein Grund für eine Kündigung oder gar fristlose Entlassung sein (siehe Seite 130).

Professionelle Berater beiziehen

Wenn Konflikte zu gravierend oder zu komplex sind oder wenn der Vorgesetzte selbst zu stark involviert ist, empfiehlt es sich, externe

Beratung zu holen – zum Beispiel in Form von Supervision oder Teamcoaching. Eine weitere Möglichkeit ist es, in einer Mediation ein eigentliches Schlichtungsverfahren durchzuführen. Und manchmal genügt es auch, eine unbelastete Drittperson als Gesprächsleiterin hinzuzuziehen.

Das Vorgehen des externen Beraters, der Beraterin hängt von der konkreten Situation ab. Zunächst wird es darum gehen, die Ursachen für den Konflikt zu finden und auch unbewusste Vorgänge und Verhaltensweisen bewusst zu machen, zum Beispiel unterschiedliche Erwartungen, Wertvorstellungen, verborgene Ängste, Rivalitäten, Führungsmängel. Ziel der Beratung ist es, eine Vertrauensbasis zu schaffen und die Kommunikation unter den Konfliktparteien wiederherzustellen. Dank ihrer unbeeinflussten Sicht von aussen hat die Beraterin die Möglichkeit, Dinge anzusprechen, die von den Beteiligten kaum mehr wahrgenommen werden, und an firmeninternen Tabus zu kratzen, die niemand anzutasten wagt. Für die Zukunft gilt es dann, die Regeln der Zusammenarbeit im Team zu überprüfen und neu zu definieren.

> **BUCHTIPP**
>
> Eine praxisorientierte Führungsschule sowie arbeitsrechtliche Informationen für Vorgesetzte finden Sie in diesem Beobachter-Ratgeber: **Plötzlich Chef. Souverän in der neuen Führungsrolle.**
> www.beobachter.ch/buchshop

Sorgfalt bei der Auswahl

Zwischen der Beratungsperson und den Konfliktparteien muss die Chemie stimmen. Es ist daher wichtig, dass man sich vor Erteilung des Auftrags kennenlernt und die Probleme und Erwartungen miteinander bespricht. Dabei sollte die Beraterin nicht schon vor der Kontaktaufnahme einer der am Konflikt beteiligten Personen persönlich bekannt sein. Auch sollte nicht der in den Konflikt verstrickte Vorgesetzte den Auftrag erteilen und allfällige Vorgespräche mit der Beraterin führen, sondern eine neutrale Stelle, beispielsweise der Sozialdienst oder die Personalchefin. Nur so ist Neutralität wirklich gewährleistet.

VORBEUGEN UND RICHTIG REAGIEREN
- Achten Sie auf gründliche Einarbeitung neuer Mitarbeitender. Stellen Sie ihnen einen «Götti» zur Verfügung.
- Sind Sie selbst der «Neue», nehmen Sie sich genügend Zeit, das Team kennenzulernen und herauszufinden, wie es funktioniert. Beziehen Sie Ihre Mitarbeitenden mit ein, wenn Sie Neues realisieren, und überstürzen Sie nichts. Anerkennen Sie, dass Ihre Leute bereits bisher vieles richtig gemacht haben.
- Sorgen Sie für eine offene Gesprächskultur, in der Mitarbeiter Probleme ansprechen können, ohne dass dies negative Konsequenzen hat.
- Formulieren Sie Ihre Erwartungen klar und unmissverständlich. Äussern Sie Kritik unter vier Augen, Lob aber vor dem ganzen Team.
- Informieren Sie so früh und so offen wie möglich über anstehende Massnahmen und deren Konsequenzen. Unsicherheit, Ängste, Gerüchte sind ein Nährboden für Mobbing.
- Fragen Sie bei Qualifikationsgesprächen auch nach dem Wohlbefinden der Mitarbeitenden und ihrer allgemeinen Zufriedenheit.

TIPP *Geeignete Beraterinnen und Berater finden Sie am besten über die Berufsverbände, die Mitgliederlisten führen. Die ausgewählte Person sollte über eine anerkannte Fachausbildung wie auch über praktische (Führungs-)Erfahrung und ein gutes Allgemeinwissen verfügen. Es empfiehlt sich, Referenzen einzuholen. Weitere Informationen erhalten Sie bei folgenden Institutionen:*
- *Berufsverband für Coaching, Supervision und Organisationsberatung: www.bso.ch*
- *Berufsverband Schweizer Unternehmensberater: www.asco.ch*
- *Föderation der Schweizer Psychologinnen und Psychologen (FSP): www.psychologie.ch.*

- Sprechen Sie die Mitarbeitenden bei Anzeichen von Spannungen direkt darauf an. Zum Beispiel: «Ich habe in letzter Zeit den Eindruck, dass Sie mit Herrn X nicht besonders gut auskommen. Wie sehen Sie das?»
- Nehmen Sie Klagen wegen Mobbing oder sexueller Belästigung in Ihrem Team ernst. Hören Sie genau hin und fragen Sie nach, bis Sie ein klares Bild davon haben, was abläuft. Sorgen Sie für eine unparteiische Untersuchung.
- Machen Sie klar, dass Sie Mobbing nicht dulden und konsequent dagegen vorgehen werden.
- Treffen Sie Massnahmen, um Mobbingopfer vor weiterer Blossstellung und Vergeltung zu schützen, etwa räumliche Trennung oder Versetzung.
- Lassen Sie Mobbingopfer wie Täter aktiv bei der Suche nach Lösungen mitarbeiten. Sprechen Sie nicht über die Beteiligten, sondern mit ihnen.
- Ziehen Sie eine Fachperson bei, wenn es Ihnen nicht gelingt, einen Konflikt zu lösen oder wenn Sie selbst beteiligt sind.

Vom Umgang mit Mobbingopfern

Vorgesetzte, die mit Untergebenen zu tun haben, die unter Mobbing leiden, müssen sich bewusst sein, dass diese Personen schwere Kränkungen und Verletzungen erlebt haben. Manche sind geradezu beherrscht von ihren Erlebnissen und können an gar nichts anderes mehr denken.

Mobbingopfer können sehr anspruchsvoll sein, sogar aggressiv werden und auf jedes Anzeichen von Zweifel sehr empfindlich reagieren. Vorgesetzte müssen daher aufpassen, dass sie nicht der Versuchung erliegen, Mobbingopfer von vornherein als schwierige

Menschen abzustempeln, die sich ihre Probleme weitgehend selbst zuzuschreiben haben.

Zuhören, ernst nehmen, reagieren

Allzu viele Chefs reagieren auf Mobbingbeschwerden denn auch in ungeeigneter Form – entweder mit Abwehr oder dann mit gut gemeinten, aber nutzlosen Beschwichtigungsversuchen, die dem Opfer nur den definitiven Beweis liefern, dass es letztlich allein dasteht. Was ein Mobbingopfer von seinem Vorgesetzten braucht, ist die Bereitschaft, ihm zuzuhören, es ernst zu nehmen, den Problemen unvoreingenommen auf den Grund zu gehen und möglichst rasch Massnahmen einzuleiten, damit sich die Situation nicht noch weiter verschlimmert.

Halten Sie sich als Chef vor Augen, dass es für Betroffene äusserst schwierig ist, einen Mobbingprozess zu beschreiben, da er aus vielen Einzelhandlungen besteht, die für sich allein möglicherweise harmlos wirken. Das Demütigende und Zerstörerische liegt in der Häufigkeit und Wiederholung (siehe Seite 15).

Entschuldigung und Wiedergutmachung

Wenn die internen Abklärungen und Gespräche ergeben, dass tatsächlich Mobbing vorliegt, ist es sehr wichtig, dass die betroffene Person rehabilitiert wird. Mobbingopfer brauchen das Eingeständnis von aussen, dass ihnen Unrecht geschehen ist, dass sie sich nicht alles nur eingebildet haben. Eine Entschuldigung und eine ernst gemeinte Wiedergutmachung sind für die psychische Gesundung von Mobbingopfern weit wertvoller als eine widerwillig, quasi als Schweigegeld gewährte Abfindung oder die vor Gericht erstrittene Entschädigung wegen missbräuchlicher Kündigung.

TIPP *Eine Führungsfunktion wahrzunehmen, ist eine anspruchsvolle Aufgabe. Wer ein guter Chef, eine gute Vorgesetzte sein will, darf nicht vergessen, sich immer wieder* *auch mit sich selber auseinanderzusetzen, mit der eigenen Rolle, den eigenen Vorstellungen und nicht zuletzt den eigenen Unsicherheiten. Tragen Sie sich Sorge, holen Sie Unterstützung, wenn sich Ihnen Fragen stellen, die nicht einfach zu beantworten sind – gerade auch im Umgang mit dem Thema Mobbing. Ein Coaching kann Ihnen helfen, in Mobbingsituationen klar zu sehen und das Richtige zu tun.*

7

Mobbing in der Gerichtspraxis

Mobbingprozesse – ein Überblick

Arbeitnehmerinnen und Arbeitnehmer, die gemobbt werden, befinden sich durchwegs in einer schwachen Position und schrecken daher oft vor einer gerichtlichen Auseinandersetzung zurück. Trotzdem gibt es zum Thema Mobbing bereits eine umfangreiche Rechtsprechung.

Es gibt kein Gesetz, das Mobbing explizit verbietet und auf das sich auch juristische Laien ohne Weiteres berufen können. Es braucht schon einiges an juristischem Know-how, um zu erkennen, auf welche gesetzlichen Bestimmungen man sich abstützen könnte.
In der Schweiz existiert zudem kein wirksamer Kündigungsschutz. Angestellte, die sich zur Wehr setzen, riskieren immer ihren Arbeitsplatz, selbst dann, wenn sich herausstellt, dass die Kündigung missbräuchlich war (siehe Seite 127). Angesichts der Tatsache, dass ihr die Gerichte auch im besten Fall nur einen (meist relativ geringen) Geldbetrag zusprechen werden, wird sich eine gemobbte Person daher stets fragen müssen, ob sich eine Klage lohnt.
Das für Arbeitsverhältnisse typische Machtgefälle wird bei Mobbing besonders spürbar: Ein gesundheitlich angeschlagener, finanziell schwacher, in seiner Existenz bedrohter Angestellter muss sich gegenüber einem Unternehmen zur Wehr setzen, das sich teure Anwälte leisten kann oder sogar über eine eigene Rechtsabteilung verfügt. Vielen Mobbingopfern fehlt ganz einfach die Kraft, einen Prozess und die dabei zu erwartende Schlammschlacht durchzustehen.
Und schliesslich lässt sich Mobbing nur sehr schwer beweisen. Klagen werden denn auch häufig mit der Begründung abgewiesen, es

handle sich um einen blossen Konflikt, die Mobbingvorwürfe liessen sich aber nicht belegen. Dies zeigen auch einige der folgenden Beispiele.

Unterschiede zwischen Deutschschweiz und Romandie

In der Rechtsprechung zum Thema Mobbing lässt sich interessanterweise ein Röstigraben feststellen: Die meisten Urteile, in denen gemobbten Personen Entschädigungen zugesprochen wurden, stammen aus der Westschweiz. Dies mag damit zusammenhängen, dass die Mobbingproblematik in der Romandie schon länger im Bewusstsein der Öffentlichkeit verankert ist und betroffene Arbeitnehmerinnen und Arbeitnehmer daher eher wagen, sich gegen Schikanen am Arbeitsplatz zu wehren.

Das soll nicht heissen, dass Mobbingprozesse in der Deutschschweiz von vornherein aussichtslos sind. Eine sorgfältige Abklärung der Rechtslage durch eine Fachperson ist jedoch unerlässlich.

Urteile des Bundesgerichts

Entscheide des Bundesgerichts prägen die Rechtsprechung; die unteren Gerichte berufen sich darauf und entscheiden neue Fälle analog. Wenn Sie also wissen möchten, wie Ihr Fall allenfalls beurteilt werden könnte, lohnt es sich, die relevanten Urteile der obersten gerichtlichen Instanz zu studieren.

INFO *Die hier zitierten Bundesgerichtsentscheide können Sie im Internet in vollem Wortlaut nachlesen (www.bger.ch → Rechtsprechung). Eine umfangreiche Sammlung von Gerichts-*

entscheiden im Zusammenhang mit Verstössen gegen das Gleichstellungsgesetz, insbesondere auch Fälle von sexueller Belästigung, finden Sie unter www.gleichstellungsgesetz.ch.

Eine Anmeldung beim Psychiater ist nicht persönlichkeitsverletzend

Die Klägerin arbeitete ab März 1985 als Sachbearbeiterin in einer Firma. Am 28. Oktober 1993 erhielt sie die Kündigung auf Ende Januar 1994. Wegen Krankheit verlängerte sich die Kündigungsfrist bis Ende Februar. Die Klägerin akzeptierte die Kündigung nicht und forderte eine Entschädigung wegen missbräuchlicher Kündigung sowie Genugtuung und Schadenersatz. Sie machte geltend, ihre Entlassung sei der Höhepunkt und Abschluss eines ausgeklügelten Mobbingplans ihrer Vorgesetzten und einiger Mitarbeiter gewesen. Sie sei zurückgesetzt, gemieden und einem Psychoterror ausgesetzt worden. Zudem habe ihr Arbeitgeber ihre Persönlichkeit schwer verletzt, indem er sie anlässlich ihrer Erkrankung beim Psychiater angemeldet und angewiesen habe, sich begutachten zu lassen.

Die gerichtliche Beurteilung: Das Amtsgericht Luzern-Stadt sprach der entlassenen Mitarbeiterin 27 880 Franken zu. Doch die höheren Instanzen hoben das Urteil auf. Ein systematisches Mobbing sei nicht erwiesen. Vielmehr sei die Kündigung ausgesprochen worden, weil die Klägerin sich nicht an Weisungen gehalten und sich im Umgang mit Vorgesetzten und Mitarbeitern als unverträglich erwiesen habe. Sie habe die Beförderung einer Kollegin nicht verkraftet.

Auch eine Genugtuung wegen Persönlichkeitsverletzung lehnte das Bundesgericht ab. Die Aufforderung, sich einer Untersuchung bei einem Psychiater zu unterziehen, könne grundsätzlich nicht als Persönlichkeitsverletzung qualifiziert werden. «Die Tatsache allein, dass eine Person psychiatrischer Hilfe bedarf, setzt sie in ihrem Ansehen als

Person nicht herab», betonte das Gericht. «Dass die Klägerin an einen Spezialarzt der Psychiatrie und nicht an einen anderweitig praktizierenden Arzt verwiesen wurde, kann nicht als schwere Beeinträchtigung der Persönlichkeit gelten.» Somit entfalle der Anspruch auf Genugtuung. Immerhin bezeichnete das Bundesgericht die Reaktion des Arbeitgebers «als unangemessen.» Sie werfe «ein eigenartiges Licht auf das Betriebsklima». Der entlassenen Angestellten nützte dies jedoch nichts. Sie ging leer aus.

In diesem Entscheid stellte das Bundesgericht einige grundsätzliche Überlegungen zum Thema Mobbing und Kündigung an. Es hielt fest, dass die Tatsache allein, dass eine gekündigte Person gemobbt wurde, noch nicht bedeute, dass die Kündigung missbräuchlich sei. «Denkbar ist in diesem Zusammenhang allerdings», so das Bundesgericht, «dass eine Kündigung etwa dann missbräuchlich sein kann, wenn sie wegen einer Leistungseinbusse des Arbeitnehmers ausgesprochen wird, die sich ihrerseits als Folge des Mobbing erweist […] Der Arbeitgeber, der Mobbing nicht verhindert, verletzt seine Fürsorgepflicht (Art. 328 OR). Er kann daher die Kündigung nicht mit den Folgen seiner eigenen Vertragsverletzung rechtfertigen.»

BGE 125 III 70 vom 13.10.1998

Entschädigung wegen sexueller Belästigung zugesprochen

Die Klägerin wurde am 1. Juli 1992 als Sekretärin in einem Genfer Unternehmen angestellt und Ende 1994 zur Unternehmensberaterin befördert. Es kam dann zu einigen Auseinandersetzungen, in deren Verlauf sich die Klägerin beim Verwaltungsratspräsidenten beschwerte, sie werde vom Direktor gemobbt und sexuell belästigt. Der Verwaltungsratspräsident versprach ihr eine Untersuchung. Zwei Tage später tauschte die Klägerin am Arbeitsplatz mit zwei Kolleginnen E-Mails mit vulgärem Inhalt aus. Als der Arbeitgeber davon erfuhr, kündigte er ihr.

Die gerichtliche Beurteilung: Eine Klage der gekündigten Arbeitnehmerin wegen sexueller Belästigung und Mobbing wurde sowohl vom Arbeitsgericht wie auch vom Kantonsgericht abgewiesen. Das Kantonsgericht hielt sinngemäss fest, das Verhalten sowie die verbalen Äusserungen des Direktors seien zwar nicht korrekt gewesen, die Klägerin habe in ihren eigenen E-Mails jedoch ähnliche Ausdrücke verwendet. Das Bundesgericht hob diesen Entscheid auf und sprach der Klägerin, gestützt auf Artikel 5 des Gleichstellungsgesetzes, eine Entschädigung von 4988 Franken zu (entsprach einem Durchschnittsmonatslohn).

Das Bundesgericht betonte, dass der Arbeitgeber aufgrund des Gleichstellungsgesetzes verpflichtet sei, angemessene Massnahmen zu treffen, um Angestellte vor sexueller Belästigung zu schützen. Im vorliegenden Fall habe der Verwaltungsratspräsident nichts unternommen, um die Belästigungen zu unterbinden. Dass die Klägerin mit ihren hierarchisch gleichgestellten Kolleginnen vulgäre Mails ausgetauscht habe, sei keine Rechtfertigung für den Direktor, grobe, sexistische Bemerkungen zu machen, denn hier gehe es um das Verhalten eines Vorgesetzten gegenüber seinen Untergebenen.

BGE 126 III 395 vom 4.7.2000

Der Arbeitgeber ist verpflichtet, Konflikte zu entschärfen

Die Klägerin, eine Pflegefachfrau, arbeitete mit Unterbrüchen ab 1983 in einer Westschweizer Klinik. Am 1. August 1991 kam eine neue Mitarbeiterin ins Team, mit der die Klägerin sofort in Konflikt geriet. «Die beiden Personen waren nicht dazu bestimmt, einander zu mögen, und liessen sich gegenseitig nichts durchgehen», ist im späteren Bundesgerichtsurteil nachzulesen. Auch gab es Spannungen zwischen der Klägerin, einer starken Persönlichkeit, und anderen Teammitgliedern. Am 28. Oktober 1996 wurde die Klägerin schriftlich verwarnt: Ihre Integration ins Team müsse besser werden und sie müsse lernen, Weisungen und Kritik zu akzeptieren. Im weiteren Verlauf begann die Klägerin unter Stresssymptomen und Depressionen zu leiden und suchte deswegen Anfang 1997 einen Arzt auf.

Nach einer heftigen Auseinandersetzung mit der verfeindeten Kollegin verlangte die Klägerin eine Aussprache mit der Kontrahentin und den Vorgesetzten. Dieses Gespräch fand aber nie statt. Am 20. März 1997 erhielt der Direktor der Klinik einen Brief, unterschrieben von fünf Pflegefachfrauen, die sich über die Klägerin beschwerten und ihr die Schuld an unlösbaren Schwierigkeiten im Team gaben. Daraufhin wurde der Klägerin auf Ende Juni 1997 gekündigt. Die schriftliche Begründung enthielt einen ganzen Katalog von Vorwürfen, die die Arbeitsweise und das Verhalten der Klägerin betrafen.

Die gerichtliche Beurteilung: Die Klägerin protestierte und klagte wegen missbräuchlicher Kündigung. Im Dezember 2001 musste sich als letzte Instanz das Bundesgericht mit dem Fall befassen. Es entschied, dass die ausgesprochene Kündigung rechtsmissbräuchlich sei, und verurteilte die Arbeitgeberin zu einer Entschädigung von 15 000 Franken und einer Genugtuung von 5000 Franken.

Der Arbeitgeber habe es unterlassen – so das Bundesgericht – der starken Persönlichkeit der gekündigten Pflegefachfrau genügend Rechnung zu tragen. Die ausgesprochene Kündigung sei missbräuchlich, weil sie wegen Eigenschaften der Arbeitnehmerin ausgesprochen worden sei, die dieser kraft ihrer Persönlichkeit zustünden. Der Arbeitgeber sei zudem gemäss Art. 328 OR verpflichtet, bei einem Konflikt angemessene Massnahmen zu treffen, um die Situation zu entschärfen. Solche Schlichtungsversuche habe er aber nicht unternommen. Es habe zwar Gespräche gegeben, aber immer nur mit der Klägerin. Die von der Klägerin gewünschte Aussprache zwischen den Konfliktparteien habe nie stattgefunden. Die schriftliche Verwarnung

der Klägerin sei erstens zu spät erfolgt und zweitens hätte auch die andere Mitarbeiterin verwarnt werden müssen.
Urteil 4C.253/2001 vom 18.12.2001

Schadenersatz für Arbeitsunfähigkeit wegen Mobbing

Eine Sozialarbeiterin trat 1992 eine 50-Prozent-Stelle beim Kanton Waadt an. 1996 wurde sie versetzt und einer Vorgesetzten unterstellt, mit der sie sich von Anfang an nicht verstand. Ihr wiederholtes Ersuchen um Erhöhung der Stellenprozente wurde abgelehnt. Die Beziehung zwischen der Sozialarbeiterin und ihrer Vorgesetzten verschlechterte sich immer mehr. Als sich die Sozialarbeiterin über Mobbing beklagte, leitete das zuständige Amt eine interne Untersuchung ein. 1998 wurde die Sozialarbeiterin in Bezug auf ihre damalige Arbeitsstelle arbeitsunfähig geschrieben. 1999 bestätigte die Untersuchungskommission, dass die Sozialarbeiterin das Opfer eines massiven Mobbings seitens ihrer Chefin geworden war. Im Untersuchungsbericht ist unter anderem die Rede von dauernder beruflicher Disqualifizierung, wiederholtem Machtmissbrauch und schwerer Demütigung. Die Angestellte sei einer ständigen Verschlechterung ihrer Lebensbedingungen ausgesetzt gewesen, mit sinkendem Einkommen und ungewissen Zukunftsaussichten. Dadurch habe sich auch ihr Gesundheitszustand laufend verschlechtert. Die Sozialarbeiterin klagte auf finanzielle Wiedergutmachung.

Die gerichtliche Beurteilung: Der Fall landete zuletzt beim Bundesgericht, das ausführliche Überlegungen zur Schadensberechnung bei mobbingbedingter Arbeitsunfähigkeit anstellte. Um eine Schadenersatzforderung geltend machen zu können, muss zunächst – so das Gericht sinngemäss – ein sicherer (nicht nur möglicher) finanzieller Schaden (im vorliegenden Fall eine Einkommenseinbusse) nachgewiesen werden, der entweder bereits existiert oder unvermeidbar entstehen wird. Notfalls sei der Schadensbetrag vom Richter gemäss Artikel 42 OR zu schätzen. Im Weiteren muss belegt werden, dass der Schaden tatsächlich durch das Mobbing verursacht wurde. Im Fall der Sozialarbeiterin war dies unbestritten, da sie entsprechende Arztzeugnisse vorweisen konnte.

Um die Einkommenseinbusse zu berechnen, ist zunächst das Einkommen zu ermitteln, das die Klägerin ohne Mobbing erzielt hätte. Zu berücksichtigen sind auch wahrscheinliche berufliche Veränderungen, zum Beispiel eine Erhöhung des Beschäftigungsgrads und eine mögliche Beförderung. Davon ist das tatsächlich erzielte Einkommen abzuziehen. Im Fall der Sozialarbeiterin kam das Gericht zum Schluss, dass nicht erwiesen sei, dass die Klägerin ohne Mobbing befördert oder ihr Arbeitspensum erhöht worden wäre. Die Einkommenseinbusse fiel daher gering aus und der materielle Schadenersatz beschränkte sich weitgehend auf nicht bezahlte Überstunden.

Der Sozialarbeiterin wurde aber eine Genugtuung von 12 000 Franken zugesprochen. Berücksichtigt wurden dabei neben dem zwei Jahre dauernden Mobbing durch die Vorgesetzte eine viermonatige Arbeitsunfähigkeit, aber auch die Anstrengungen, die der Arbeitgeber unternommen hatte, um die Arbeitnehmerin zu rehabilitieren. Er hatte ihr zunächst einen Stage organisiert und schliesslich eine neue Stelle für sie geschaffen.

Urteil 2C.2/2000 vom 4.4.2003

👁 Mobbing und sexuelle Belästigung nicht nachgewiesen

Die Klägerin arbeitete seit 1991 als Journalistin in einer Sportredaktion. Es war ein kleines Team, und bis 1995 war das Arbeitsklima gut. Da die Arbeit oft recht stressig war, herrschte allgemein ein etwas rauer, oft auch grober Umgangston. 1995 kam es zu einem Chefwechsel. Zu dieser Zeit verschlechterte sich die Beziehung zwischen der Journalistin und ihrem Arbeitgeber. Sie war sehr enttäuscht, dass sie nicht zur Ressortleiterin ernannt worden war, und beklagte sich, dass man ihr die interessanteste Arbeit weggenommen habe. Ihre Leistungen nahmen ab, sie isolierte sich zunehmend und zeigte quasi ständig ihre Unzufriedenheit, was zu Auseinandersetzungen führte. Die Klägerin litt unter gesundheitlichen Problemen und war mehrere Wochen arbeitsunfähig. Als sie am 28. August 2000 an ihren Arbeitsplatz zurückkehrte, erhielt sie die Kündigung und wurde von der Arbeitsleistung freigestellt. Wegen andauernder Arbeitsunfähigkeit der Klägerin endete das Arbeitsverhältnis schliesslich am 30. September 2001.

Im März 2002 klagte die Journalistin beim Genfer Arbeitsgericht und forderte eine Summe von gegen 600 000 Franken, die sich aus Lohnausfall, Entschädigung für missbräuchliche Kündigung sowie Genugtuung wegen Mobbing und sexueller Belästigung zusammensetzte. Sowohl die unteren Instanzen als auch das Bundesgericht wiesen die Klage vollumfänglich ab.

Die gerichtliche Beurteilung: Zum Vorwurf der sexuellen Belästigung meinte das Bundesgericht, in der Arbeitgeberfirma habe seit Jahren ein rauer Umgangston geherrscht, ohne dass die Klägerin sich deswegen beklagt hätte. Wenn der Vorgesetzte die Klägerin in der «Hitze des Gefechts» als Idiotin bezeichnet habe, weil sie ein falsches Flugticket bestellt hatte, oder wenn der Chefredaktor im abendlichen Stress die Artikel der Klägerin als «Mist» bezeichnet habe, dann sei dies zwar zu kritisieren. Diese Bemerkungen seien aber Ausdruck von Verärgerung über die Qualität ihrer Arbeit und kein Beweis für sexuelle Belästigung. Dass der Chef die Klägerin gelegentlich gebeten habe, ihm Kaffee zu machen, sei ebenfalls kein Beweis, denn auch männliche Kollegen hätten ihm diesen Dienst erwiesen.

Auch den Vorwurf des Mobbings wies das Bundesgericht zurück: Damit man von Mobbing sprechen könne, genüge es nicht, dass die beruflichen Beziehungen konfliktbeladen seien und das Arbeitsklima schlecht. Es sei auch kein Mobbing, wenn eine Angestellte energisch und wiederholt – möglicherweise unter Androhung von Sanktionen – aufgefordert werde, ihre arbeitsvertraglichen Pflichten zu erfüllen, oder wenn sich ein Vorgesetzter nicht immer und überall perfekt gegenüber seinen Untergebenen verhalte. Die Klägerin habe sich, so das Gericht, durch ihr Verhalten selbst isoliert. Die Vorwürfe ihres Arbeitgebers beruhten auf objektiven Tatsachen und seien kein Vorwand, um die Klägerin aus dem Betrieb zu entfernen.

Urteil 4C.276/2004 vom 12.12.2004

273 000 Franken für eine Gemeindeangestellte

Eine Büroangestellte arbeitete 14 Jahre lang klaglos in der Gemeindeverwaltung von Vevey, was ihr auch in einem Zeugnis bescheinigt wurde. Die Probleme begannen, als sie am 1. August 1995 einen neuen Chef bekam. Im Sommer 1996 beklagte sich die Angestellte erstmals bei ihrem Arbeitgeber über die konfliktbeladene Situation. Ihr Chef kommuniziere mit ihr nur noch per Zettel, auf denen er ihr mitteile, was alles nicht funktioniere. Die Frau wurde mit der Zeit psychisch krank und konnte während Wochen, später während Monaten nicht mehr arbeiten. Die Gemeindeverwaltung ihrerseits warf der Mitarbeiterin vor, es habe schon immer Schwierigkeiten mit ihr gegeben und sie sei unfähig, sich an neue Arbeitsformen zu gewöhnen. Per Ende August 1997 wurde ihr gekündigt. Ein paar Monate später sprach ihr die Pensionskasse der Gemeinde rückwirkend ab Februar 1997 eine volle Invalidenrente zu. Die gemobbte Frau klagte im Februar 1998 vor dem Waadtländer Zivilgericht.

Die gerichtliche Beurteilung: Ein Gutachten kam zum Schluss, dass tatsächlich Mobbing stattgefunden hatte. Der Chef habe sich geweigert, mit der Untergebenen zu sprechen. Er habe sie isoliert und unter Druck gesetzt, offenbar in der Absicht, sie zum Verlassen der Stelle zu bewegen. Die Zettel, die er ihr hingelegt habe, seien in einem schroffen, autoritären Ton abgefasst. Die Verwendung von Grossbuchstaben oder Fettgedrucktem, um gewisse Befehle zu unterstreichen, sei unnötig sowie beleidigend und erniedrigend, stellte das Gutachten fest. Dasselbe gelte für die extrem detaillierten Anweisungen, die er der Angestellten gab, die immerhin 15 Jahre in diesem Büro gearbeitet hatte. Einige Weisungen seien zudem widersprüchlich oder sinnlos gewesen. Das Gutachten hielt auch fest, dass das Verhalten der Angestellten angesichts der Veränderungen im Betrieb nicht immer ideal gewesen sei, was aber unter keinen Umständen ein derart deplatziertes Autoritätsgehabe rechtfertigen könne.

Das Waadtländer Kantonsgericht, das den Fall in zweiter Instanz behandelte, beurteilte die Entlassung der Mitarbeiterin als missbräuchlich und sprach ihr ausserdem eine Genugtuung wegen Persönlichkeitsverletzung zu. Das Bundesgericht bestätigte das Urteil. Die entlassene Mitarbeiterin erhielt insgesamt 273 000 Franken: Sechs Monatslöhne wegen missbräuchlicher Entlassung in Höhe von insgesamt 38 000 Franken, eine Genugtuung von 25 000 Franken sowie 210 000 Franken als Schadenersatz für Lohnausfall.

Urteil 4C.343/2003 vom 13.12.2004

Eine schwangere Arbeitnehmerin kündigt fristlos wegen Mobbing

Die Klägerin arbeitete seit dem 17. April 1991 als kaufmännische Angestellte in einer Tanzschule. Im Dezember 2000 gab sie im Betrieb bekannt, dass sie schwanger sei. Von da an fühlte sie sich einem systematischen und aggressiven Mobbing ausgesetzt. Vom 16. März bis zum 29. Oktober 2001 war sie krankgeschrieben. Danach erschien sie nicht mehr zur Arbeit und klagte wegen Mobbing.

Die gerichtliche Beurteilung: Das Arbeitsgericht Olten-Gösgen verpflichtete die Arbeitgeberin am 11. Dezember 2003, der Klägerin einen Betrag von über 20 000 Franken zu bezahlen und ihr ein Arbeitszeugnis mit einem bestimmten Inhalt auszustellen. Der Mobbingvorwurf sei begründet. So habe der Bürochef und Ehemann der Betriebsinhaberin ohne Angabe von Gründen von der Klägerin die Schlüssel herausverlangt, und es seien ihr ohne sachliche Begründung ein anderer Arbeitsplatz und ein anderes Arbeitsgebiet zugewiesen worden. Auch habe die Arbeitgeberin die Klägerin unter krasser Missachtung des Mutterschutzes rund 14 Tage nach der Niederkunft zur Wiederaufnahme der Arbeit aufgeboten. Schliesslich habe sich die Arbeitgeberin in ihrer Korrespondenz mit der Klägerin eines herabwürdigenden Tones bedient und massive Anschuldigungen gegen die Klägerin erhoben, die sie nicht habe beweisen können. Für die Klägerin sei eine Wiederaufnahme der Arbeit unzumutbar gewesen.

Schliesslich kam auch das Bundesgericht zum Ergebnis, der Bürochef habe die Klägerin auf eine Weise schikaniert, belästigt, kritisiert und ausgegrenzt, die als Mobbing zu qualifizieren sei. Die Klägerin habe somit das Recht gehabt, fristlos zu kündigen.

Urteil 4C.309/2004 vom 10.11.2004

Genugtuung für persönlichkeitsverletzende Entlassung

Der Kläger arbeitete seit Mai 1989 in einer Waadtländer Firma. Am 21. Februar 2002 wurde er um 10.30 Uhr zum Direktor und Vorarbeiter gerufen. Nachdem ihm der Kündigungsbrief (mit sofortiger Freistellung) ausgehändigt worden war, begleitete ihn der Vorarbeiter zum Arbeitsplatz, wo er seine Sachen zusammenpacken und die Firma verlassen musste. Man liess ihm nicht einmal Zeit, sich von seinen Arbeitskollegen zu verabschieden. Diese reagierten geschockt und stellten Vermutungen darüber an, was wohl zu dieser abrupten Kündigung geführt haben könne. Erst am 27. Februar informierte die Firmenleitung, dass die Kündigung aus wirtschaftlichen Gründen ausgesprochen worden sei.

Die gerichtliche Beurteilung: In diesem Fall geht es zwar nicht um Mobbing, das Urteil ist jedoch auch für Mobbingopfer interessant: Erstmals wurde hier einem Angestellten eine Genugtuung zugesprochen, weil ihm auf eine Art und Weise gekündigt worden war, die das Gericht als persönlichkeitsverletzend betrachtete.

Die Richter kamen zum Schluss, dass die Art der Kündigung besonders brutal und beleidigend gewesen sei. Es habe überhaupt keinen Grund gegeben, weshalb der Angestellte nach immerhin 13 Jahren in der Firma seinen Arbeitsplatz Knall auf Fall habe verlassen müssen, noch dazu in Begleitung eines Vorgesetzten. Dass der Arbeitgeber ein paar Tage später den wahren Grund der Kündigung bekannt gegeben habe, vermöge die Persönlichkeitsverletzung nicht wiedergutzumachen. Denn in der Zwischenzeit hätten diverse Gerüchte die Runde gemacht. Auch der Sozialplan, von dem der Gekündigte profitieren konnte, änderte nichts an der schweren Persönlichkeitsverletzung. Dem Arbeiter wurden 2000 Franken als Genugtuung zugesprochen.

Urteil 4C.259/2004 vom 11.11.2004

Ausreichende Massnahmen des Arbeitgebers zur Konfliktbewältigung

Der Kläger war seit dem 15. April 1985 in einem Bundesbetrieb als Fachspezialist tätig. Mit Verfügung vom 13. Juni 2006 kündigte ihm der Arbeitgeber per 31. Dezember 2006 und stellte ihn frei. Der Grund war ein seit Mitte 1999 schwelender Konflikt zwischen dem Kläger und einem weiteren Mitarbeiter, dem deswegen ebenfalls gekündigt wurde.

Im Juli 2006 reichte der Kläger Beschwerde gegen die Kündigung ein. Er beantragte die Aufhebung der Kündigung und die Fortführung des Arbeitsverhältnisses. Andernfalls verlange er eine Entschädigung von mindestens zwei Jahreslöhnen. Er machte unter anderem geltend, dass nicht ihn, sondern seinen Kontrahenten die Schuld an den Auseinandersetzungen treffe und die Arbeitgeberin es versäumt habe, rechtzeitig in den Konflikt einzugreifen.

Die gerichtliche Beurteilung: Der Fall landete schliesslich vor Bundesgericht. Dieses kam zum Schluss, die Arbeitgeberin habe sich um die Lösung des Konflikts hinreichend bemüht. Sie habe zweimal eine externe Beratungsunternehmung zwecks Teamcoaching beigezogen, während Monaten regelmässig Gruppengespräche geführt, die übrigen Mitarbeiter befragt, mit den am Konflikt Beteiligten Einzelgespräche geführt und dem Beschwerdeführer zweimal konkrete Verhaltensanweisungen gegeben. Schliesslich zog sie die Vertrauensstelle für das Bundespersonal hinzu und unterbreitete den Beteiligten Vorschläge zur endgültigen Beilegung ihres Streits. «Mit diesen Bemühungen hat die Arbeitgeberin ihre Fürsorgepflicht erfüllt», so das Bundesgericht.
Urteil 1C_245/2008 vom 2.3.2009

Der Fürsorgepflicht unzureichend nachgekommen, Kündigung trotzdem nicht missbräuchlich

Zwischen der neuen Pflegedienstleiterin eines Spitals und einer Pflegefachfrau kam es zu einem schweren Konflikt. Auch andere Spitalmitarbeiter hatten Mühe mit der neuen Chefin. Da ein Gespräch zwischen den Konfliktbeteiligten und der Spitalleitung keine Lösung brachte, erhielt die Pflegefachfrau die Kündigung, nachdem sie die Versetzung an einen anderen Posten abgelehnt hatte. Die Arbeitnehmerin klagte und machte geltend, sie sei für das Spital 32 Jahre lang stets klaglos und mit guter Leistung tätig gewesen. Der Grund für ihre Entlassung habe darin gelegen, dass sie eine Lösung im angespannten Arbeitsklima mit der Pflegedienstleiterin gesucht und sich für die anderen Mitarbeiter eingesetzt habe.

Die gerichtliche Beurteilung: Das Bundesgericht kam zum Schluss, die Verantwortlichen des Spitals seien ihrer Fürsorgepflicht unzureichend nachgekommen: «Es fand bloss eine einzige [...] überdies viel zu spät angesetzte Aussprache statt [...] weshalb sich die Spitalleitung im Nachhinein nicht einfach auf den Konflikt berufen konnte, um der daran beteiligten Beschwerdeführerin zu kündigen. So vorzugehen rechtfertigt auch nicht das Interesse an der Aufrechterhaltung der Funktionstüchtigkeit des Spitals [...].» Trotzdem war die Kündigung schliesslich nicht missbräuchlich. Denn das Spital hatte der Mitarbeiterin eine andere Stelle im Betrieb angeboten. Dieses Angebot sei geeignet gewesen, den Konflikt zu beenden, und lasse die ausgesprochene Kündigung in einem milderen Licht erscheinen. Trotz vernachlässigter Fürsorgepflicht liege daher keine krasse Verletzung des Personalrechts und des Verhältnismässigkeitsprinzips vor. «Dass die Beschwerdeführerin das Stellenangebot ausschlug, kann nicht der Spitalleitung angelastet werden. Das Willkürverbot ist im Ergebnis somit nicht verletzt», so das Bundesgericht.

Urteil 1C_354/2008 vom 4.5.2009

Konflikt zwischen starken Persönlichkeiten, aber kein Mobbing

Die Angestellte eines Tearooms im Wallis verlangte von ihrem Arbeitgeber eine Entschädigung wegen missbräuchlicher Kündigung und Mobbing durch den Geranten. Sie machte geltend, dass sich das Arbeitsklima seit Stellenantritt dieses Chefs massiv verschlechtert habe. Sie sei das Opfer von Vorwürfen, Demütigungen und ständiger Kontrolle geworden. Aktenkundig sind wiederholte Drohungen des Arbeitgebers, er werde sie wie einen Hund mit Tritten in den Hintern hinausbefördern oder «lui casser la tête», wie es im französischen Originaltext heisst. Die Angestellte erhielt schliesslich die Kündigung wegen unterschiedlicher Arbeitsauffassungen. Man brauche Leute, die am gleichen Strick ziehen und mit

Begeisterung zum Erfolg des Unternehmens beitragen würden. Die Frau litt in der Folge an gesundheitlichen Problemen und wurde arbeitsunfähig.

Die gerichtliche Beurteilung: Trotz dieser Fakten kam das Bundesgericht zum Schluss, es handle sich nicht um Mobbing sondern vielmehr um einen offenen Konflikt zwischen zwei starken Persönlichkeiten, der sich in heftigen verbalen Auseinandersetzungen geäussert habe. Schuld daran hätten beide Seiten. Zwar seien die Äusserungen des Chefs unentschuldbar, es sei jedoch weder erwiesen, dass sie sich über eine längere Zeit wiederholt, noch dass sie zum Ziel gehabt hätten, die Angestellte zu isolieren oder auszuschliessen. Ausserdem habe sie sich jeweils zur Wehr gesetzt und sich ebenfalls nicht korrekt verhalten. Zudem habe das unangemessene Verhalten des Chefs auch andere Mitarbeiter betroffen. So habe er einer Angestellten einen verbrannten Toast an den Kopf geworfen. Das Gericht anerkannte zwar, dass eine Verletzung der Fürsorgepflicht gemäss Artikel 328 OR vorliege, da die Direktion der Firma nichts unternommen habe, um den Konflikt zu schlichten und die Persönlichkeit der Klägerin zu schützen. Der Klägerin sei es jedoch nicht gelungen, zu beweisen, dass zwischen diesen Unterlassungen und ihren gesundheitlichen Problemen ein direkter Zusammenhang bestehe. Ihre Forderungen wurden abgewiesen.

Urteil 4A_32/2010 vom 17.5.2010

Unschöne Rückstufung eines Arztes, aber kein Mobbing

Ein Arzt verlor im Zuge einer Reorganisation – unter unschönen Begleitumständen – seinen Titel als stellvertretender Chefarzt, weshalb er schliesslich wegen Mobbing klagte. Er machte geltend, dass seine Rückstufung ohne Vorwarnung erfolgt und nicht offiziell verkündet worden sei, was zu Spekulationen und Gerüchten führte. Ausserdem sei er ohne Vorwarnung aus einer Kommission ausgeschlossen worden. Er beklagte sich zudem über abschätzige Bemerkungen seines Chefs per Mail, aber auch mündlich. So habe dieser an einer Sitzung erklärt, dass es Leute gebe, deren Titel nicht der tatsächlich ausgeführten Tätigkeit entspräche. Es sei ganz klar, dass er damit gemeint gewesen sei. Und als er sich beim Direktor über Mobbing beklagt hatte, meinte dieser, er solle zuerst einmal Nachweise über seine laufenden Weiterbildungen beibringen.

Die gerichtliche Beurteilung: Das Bundesgericht kam zum Schluss, dass hier kein Mobbing vorliege: Das Vorgehen rund um die Absetzung war zwar verletzend und unfair. Es habe aber keine Folge feindseliger Handlungen stattgefunden mit dem Ziel, den Arbeitnehmer zu vertreiben. Er konnte als spezialisierter Arzt bei seinem Arbeitgeber weiterarbeiten, sein Salär wurde nicht gesenkt. Es schien auch nicht so, als wäre seine Arbeit abgewertet oder grundlos kritisiert worden.
Urteil 4D_22/2013 vom 19.9.2013

Kantonale Urteile

Nicht alle Fälle landen vor der obersten Instanz. Auf den folgenden Seiten finden Sie einige interessante Urteile von kantonalen Gerichten, die Ihnen bei der Einschätzung Ihres Falles helfen können.

50 000 Franken Genugtuung für andauerndes, schweres Mobbing

Der Kläger arbeitete seit Mai 1991 als Büroangestellter in einer Handelsfirma. Im Oktober 1999 verlangte er ein Gespräch mit einem Verwaltungsrat, in dem er die Probleme darlegte, die er seit mehr als einem Jahr mit Herrn G., dem Direktor der Firma, hatte.

Im Lauf dieses Gesprächs erhielt er die mündliche Kündigung. Der Kläger liess sich kurz darauf krankschreiben und hielt seine Beschwerden nochmals schriftlich fest. Er beklagte sich über aggressives, respektloses Mobbing und absolute Gesprächsverweigerung. Nachdem seine Anschuldigungen zurückgewiesen worden waren, musste der Kläger wegen schwerer gesundheitlicher Probleme hospitalisiert werden.

Am 10. April 2000 klagte der Büroangestellte gegen seinen Arbeitgeber und forderte Bezahlung für seine Überstunden sowie eine Entschädigung wegen missbräuchlicher Kündigung. An der Gerichtsverhandlung im August 2000 forderte er zusätzliche 50 000 Franken als Genugtuung.

Die gerichtliche Beurteilung: Im Verfahren machte der Kläger geltend, die Zusammenarbeit habe sich laufend verschlechtert, seit er im September 1997 einen schriftlichen Arbeitsvertrag verlangt habe. Er habe diesen Wunsch geäussert, nachdem er Ferien nicht habe beziehen können und es zu Spannungen wegen der Aufgabenverteilung gekommen sei. Sein Arbeitgeber habe ihm von da an sukzessive Arbeiten weggenommen und anderen übergeben. Herr G. habe ihn gänzlich ignoriert, sich geweigert, seine Fragen zu beantworten oder auf seine Schreiben zu reagieren.

Zeugenaussagen bestätigten im Wesentlichen die Aussagen des Klägers. Ärztliche Gutachten kamen zum Schluss, dass der Kläger, der früher nie psychische Probleme gehabt habe, an seinem Arbeitsplatz ausgegrenzt und gedemütigt worden sei. Er leide an einer Depression, die seine berufliche Zukunft beeinträchtigen werde.

Das Gericht kam zum Schluss, dass die Kündigung zwar nicht missbräuchlich sei, dass aber der Kläger durch seinen Arbeitgeber während dreier Jahre schweres Mobbing erlitten habe: Ausgrenzung, Kontaktverweigerung, Wegnahme von Aufgaben etc. Die gravierenden gesundheitlichen Schäden seien durch die Arbeitssituation verursacht worden. Angesichts der Dauer und der Schwere des Mobbings und angesichts der gesundheitlichen Leiden des Opfers sei eine Genugtuung von 50 000 Franken vollumfänglich gerechtfertigt. Zusätzlich erhielt der Kläger eine Entschädigung für geleistete Überstunden von über 26 000 Franken.

Tribunal des prud'hommes du canton de Genève,
25.10.2000

Der Arbeitgeber entscheidet, ob er das Mobbingopfer oder den Täter entlässt

Zwischen der Klägerin und einer anderen Mitarbeiterin, Frau X, bestanden erhebliche Spannungen. Frau X schrieb mehrmals an die Abteilungsleiterin, dass die Klägerin die verlangte Leistung nicht erbringe, äusserst langsam arbeite und nicht sehr aufnahmefähig sei. Offenbar informierte Frau X die Klägerin ungenügend über interne Weisungen. Weil Vermittlungsversuche nichts nützten und die Lage sich immer mehr zuspitzte, wurde die Klägerin versetzt, und schliesslich wurde ihr gekündigt.

Die gerichtliche Beurteilung: Das Arbeitsgericht kam zum Schluss, der Arbeitgeber sei seiner Pflicht, «Massnahmen zur Reduzierung der Reibungspunkte zwischen dem Mobbing-Täter und dem Mobbingopfer zu ergreifen», vollumfänglich nachgekommen. Nachdem auch die Versetzung die Situation nicht beruhigt habe, musste der Arbeitgeber davon ausgehen, dass der Konflikt «nur durch die Kündigung entweder des Arbeitsverhältnisses mit Frau X oder desjenigen mit der Klägerin zu unterbinden ist».

Das Gericht kam zum Schluss: «Es ist zwar Aufgabe des Arbeitgebers, alles, was in seiner Macht steht, zu versuchen, um ein allfälliges Mobbing zu verhindern; dem Arbeitgeber kann jedoch nicht vorgeschrieben werden, welcher Arbeitnehmer zu entlassen ist, wenn zwischen zwei oder mehreren Arbeitnehmern ein unheilsamer Konflikt ausgebrochen ist.» Es müsse ihm erlaubt sein, denjenigen zu entlassen, der ihm weniger nütze. Ausserdem bestünde bei Entlassung des Täters die Gefahr, dass das Opfer von anderen weiter gemobbt werde, «denn die Persönlichkeitsstruktur und äussere Auffälligkeiten einer Person sind dafür, dass sie zum Mobbingopfer wird, zumindest mitentscheidend».

Arbeitsgericht Zürich, 23.1.2002, bestätigt vom Obergericht, 24.7.2002

Unvereinbarkeit der Persönlichkeiten und fehlendes Vertrauen

Der Klägerin wurde gekündigt, kurz nachdem sie eine neue Vorgesetzte bekommen hatte. Offenbar hatten die zwei Frauen unterschiedliche Auffassungen, was die Ausführung des Jobs betraf. Laut Arbeitgeber führte das fehlende Vertrauensverhältnis zwischen den beiden zur Kündigung. Die Klägerin klagte wegen missbräuchlicher Kündigung. Sie berief sich auf den Bundesgerichtsentscheid vom 18. Dezember 2001 (siehe Seite 164) und machte sinngemäss geltend, der Arbeitgeber hätte vor einer Kündigung Massnahmen zur Wiederherstellung des Betriebsfriedens treffen müssen.

Die gerichtliche Beurteilung: Das Arbeitsgericht hingegen kam zum Schluss, dass hier ein anderer Sachverhalt vorliege als im erwähnten Bundesgerichtsentscheid. Es hätten keine offenen Konflikte vorlegen, sondern allenfalls «atmosphärische Störungen». Zudem habe es weder Angriffe der Vorgesetzten auf die Persönlichkeit der Klägerin noch einseitige Schuldzuweisungen gegeben. Es habe sich lediglich um «inkompatible gegenseitige Persönlichkeitsstrukturen» gehandelt, weshalb die Basis für eine längerfristige Zusammenarbeit gefehlt habe. Darin liege keine Persönlichkeitsverletzung.

Das Gericht betonte, der zitierte Bundesgerichtsentscheid sei «mit Augenmass auszulegen». Man könne daraus nicht herleiten, der Ar-

beitgeber müsse «vor einer Kündigung zunächst gleichsam ein Mediationsverfahren einleiten, wenn eine Vorgesetzte aufgrund der Unvereinbarkeit der Persönlichkeit keine erspriessliche Zusammenarbeit für möglich erachtet.» Die Kündigung sei daher nicht missbräuchlich.
Arbeitsgericht Zürich, 23.9.2003, bestätigt vom Obergericht, 10.7.2004

◆ Rekordentschädigung für eine städtische Kadermitarbeiterin

«Mobbing des Jahrhunderts» titelte eine Westschweizer Zeitung, als die Stadt Lausanne verurteilt wurde, einer ehemaligen Angestellten eine Entschädigung von über 800 000 Franken zu bezahlen. Ein Gutachten hatte ergeben, dass die Kadermitarbeiterin massiv gemobbt worden war. Schwere Depressionen und Invalidität des Opfers waren die Folge. Entsprechend gross war damit auch der wirtschaftliche Schaden, den die Frau erlitten hatte.

Die gerichtliche Beurteilung: Das Urteil des Zivilgerichts Lausanne umfasste über 200 Seiten und kam zum Schluss, dass die Klägerin folgenden Mobbinghandlungen ausgesetzt gewesen war:
- Der Klägerin wurde in einem Brief vorgeworfen, sie sei schuld an der Erkrankung einer Mitarbeiterin. Ein Vorwurf, der durch nichts belegt war, wie das Gericht feststellte.
- Der Arbeitgeber wollte der Klägerin vertragsfremde, untergeordnete Arbeit zuweisen und versuchte, sie zu isolieren.
- Der Arbeitgeber weigerte sich, etwas zu unternehmen, und ging nicht darauf ein, als die Klägerin versuchte, die Probleme zu bereinigen.
- Der Arbeitgeber hielt sich teilweise nicht an getroffene Vereinbarungen.
- Der Arbeitgeber verwarnte die Klägerin auf eine Art und Weise, die sowohl in der Form wie auch im Inhalt unangemessen war.

Es sei typisch für Mobber, das Opfer mit verschiedenen Vorwürfen zu konfrontieren, ohne klar zu sagen, worum es eigentlich gehe, und in der Folge eine Klärung der Angelegenheit zu verhindern, hielt das Gericht unter anderem fest. Die Richter sahen es auch als erwiesen an, dass die gesundheitlichen Probleme der Klägerin durch das Mobbing verursacht worden seien. Zwar hätten die Untersuchungen ergeben, dass die Klägerin eine nicht gerade bequeme Mitarbeiterin gewesen sei. Dies könne jedoch die erwähnten Mobbinghandlungen in keiner Weise rechtfertigen, betonte das Gericht. Das schwierige, aber nicht unrechtmässige Verhalten der Klägerin könne den Arbeitgeber nicht von seiner Verantwortung entbinden. Der Rekurs der Stadt Lausanne gegen dieses Urteil wurde abgewiesen.

Tribunal cantonal du Canton de Vaud, Chambre des recours, 27.10.2004

Sexuelle Belästigung und Mobbing einer Polizistin

Die Klägerin, Instruktorin bei der Stadtpolizei Zürich, wurde im Juli 2002 ihrer Kaderfunktion enthoben. Begründet wurde dies sinngemäss mit fachlichen Defiziten und mangelnden Führungsqualitäten. Die Polizistin wehrte sich beim Kommandanten der Stadtpolizei und beschwerte sich über sexuelle Belästigung durch ihren Vorgesetzten und über Mobbing seitens eines Kollegen. Nach einer internen Untersuchung wurde ihr Chef wegen sexueller Belästigung ermahnt und versetzt. Die Polizistin erhielt eine Genugtuung von 1000 Franken zugesprochen. Der Mobbingvorwurf wurde jedoch zurückgewiesen. Es handle sich nur um einen «schweren Arbeitskonflikt», dessen Grund in der Wesensart beider Beteiligter zu suchen sei.

Die gerichtliche Beurteilung: Die Polizistin wehrte sich zunächst über mehrere Instanzen erfolglos. Erst das Verwaltungsgericht des

Kantons Zürich stellte fest, dass «gegenüber der Klägerin Mobbing am Arbeitsplatz erfolgte, dass sie sexuell belästigt und schliesslich zu Unrecht ihrer Funktion als Gruppenleiterin entbunden worden» sei. Ausserdem sei sie «aufgrund der schweren Angriffe auf ihre körperliche und seelische Integrität schwer erkrankt und arbeitsunfähig geworden». Das Gericht erachtete es als erwiesen, dass der Kollege die Polizistin wiederholt angegriffen, erniedrigt und sie vor Dritten blossgestellt und beleidigt hatte. So sagte er beispielsweise über die Polizistin, «dass sie noch zu haben und dies nur eine Frage der Bezahlung sei». In einem Bericht an den Vorgesetzten schwärzte er sie an, indem er zu Unrecht behauptete, sie habe während eines Studienaufenthalts im Ausland die Gastgeber mit ihrem Verhalten vor den Kopf gestossen. Ausserdem schrieb er, es fehle ihr das nötige Fachwissen und die Bereitschaft, Vorbild zu sein, er könne mit ihr nicht mehr zusammenarbeiten. Das Verwaltungsgericht erachtete eine Erhöhung der Genugtuungssumme auf insgesamt 6000 Franken als angemessen.
Verwaltungsgericht Zürich, 8.2.2006

Mobbing nicht gemeldet, keine Vertragsverletzung des Arbeitgebers

Einer Angestellten wurde wegen nachlassender Leistung, Unzuverlässigkeit und zu vielen Absenzen gekündigt. Die Arbeitnehmerin erachtete diese Kündigung als missbräuchlich, da sie von ihrer Chefin gemobbt worden sei. Sie habe an allem etwas auszusetzen gehabt, habe sie auch vor Dritten als dumm und unzuverlässig bezeichnet. Sie, die Klägerin, sei übermässig kontrolliert worden, die Chefin habe ihr gelegentliche Privatanrufe vorgeworfen und diese in bösartiger Weise kommentiert. Der Umgangston sei schroff gewesen. Falls ihre Leistungen – wenn überhaupt – nachgelassen hätten, sei dies wegen des Mobbings gewesen, sie habe sich deswegen sogar in ärztliche Behandlung begeben müssen.

Der Arbeitgeber wies die Vorwürfe zurück. Die Klägerin sei während der ganzen Anstellungsdauer immer wieder von verschiedenen Seiten auf ihre Abwesenheiten, die ungenügenden quantitativen Leistungen, den fehlenden Output hingewiesen worden. Von Mobbing könne keine Rede sein.

Die gerichtliche Beurteilung: An der Hauptverhandlung sagte die Klägerin aus, dass die Vorgesetzten ihrer Chefin keine Kenntnis über deren Verhalten ihr gegenüber gehabt hätten. Sie behauptete auch nicht, ihren Arbeitgeber darüber informiert zu haben. Lediglich die in der Nähe befindlichen Mitarbeiter hätten die Kritiken der Chefin oft mitgehört. Das Gericht wies daher die Klage ab. Da der Arbeitgeber über die angebliche Mobbingsituation nicht informiert gewesen sei, habe er seine Pflicht, die Klägerin zu schützen, gar nicht wahrnehmen können. «Die Frage, ob tatsächlich Mobbing ausgeübt wurde, kann somit offengelassen werden», so das Gericht. «Denn unter diesen Umständen ist eine Vertragsverletzung seitens des Arbeitgebers auf jeden Fall zu verneinen.»

Arbeitsgericht Zürich, 4.7.2006

Mobbingopfer erzählen – Paul F.:

«Am schlimmsten war, nicht zu verstehen, was geschah.»

Paul F., diplomierter Agronom, arbeitete über 20 Jahre in einer Handelsfirma, etliche davon in leitender Position. Nach einer Fusion verlor der 50-Jährige seine Führungsfunktion und bekam neue Aufgaben zugewiesen. Von da an fühlte er sich von den Vorgesetzten im Stich gelassen, und die Kollegen grenzten ihn aus. Der auf ihm lastende Druck wurde grösser und grösser, bis er fast daran zerbrach.

Mein Traum war es, in der Dritten Welt zu arbeiten. Darum studierte ich Landwirtschaft, weil ich dachte, ich würde dies dort brauchen können. Aber es kam anders. Ich fand die Stelle bei der Firma S. als Kundenberater und Verkäufer im Aussendienst, war erfolgreich und wurde nach einigen Jahren zum Bereichsleiter befördert. Eine solche Position mit 30 Untergebenen war nicht unbedingt mein Wunschtraum, mein Kopf sagte mir jedoch: «Mach das, das ist eine Chance.» Und es lief auch etwa sieben Jahre lang gut, bis unsere Firma mit ein paar anderen fusionierte.

«*Meine Aufgabenbereiche wurden ständig geändert, ich fühlte mich als Spielball.*»

Wie es bei Fusionen so geht, gab es zu viele Kandidaten für zu wenig Führungsposten. Mir wurde die Leitung eines neuen interes-

santen Bereichs versprochen. Doch als die Organigramme vorgestellt wurden, war davon keine Rede mehr. Ich bekam ein mir unbekanntes Gebiet zugewiesen, behielt aber mein bisheriges Alltagsgeschäft, also Verkauf und Kundenberatung in der Region. Hierarchisch war das ein klarer Rückschritt. Ich war plötzlich wieder auf der Stufe meiner ehemaligen Mitarbeiter, auch wenn ich den gleichen Lohn behielt. Zu Beginn machte mir das schon zu schaffen, ich akzeptierte es dann aber relativ rasch, da ich auch Vorteile sah: mehr Zeit für die Familie. Doch von da an lief es nicht mehr gut. Meine Aufgabenbereiche wurden ständig geändert. Ich fühlte mich als Spielball. Kaum hatte ich mich irgendwo eingearbeitet, gab es etwas Neues. Ich sagte damals häufig zu meiner Frau: «Ich fühle mich im Betrieb nicht mehr getragen, habe von meinen Vorgesetzten keine Rückendeckung mehr». Heute denke ich, dass ich wohl einfach zu teuer war. Meine guten Kontakte zu den Kunden, mein riesiges Beziehungsnetz sah man nicht. Es hatte aber auch niemand den Mut, mir offen zu sagen: «Du hast jetzt weniger Verantwortung, also gibt es weniger Lohn.» Das hätte ich schon akzeptieren können.

«Im Nachhinein denke ich, dass wohl alle Angst um ihren Job hatten.»

Auch in meinem neuen Team – fünf bis sechs Leute, meist ehemalige Untergebene von mir – lief es nicht rund. Einerseits sahen sie in mir immer noch den Chef, der alles wissen musste und sich keine Fehler erlauben durfte, andererseits begannen einige, die Zusammenarbeit mit mir zu verweigern und mich hinter meinem Rücken schlechtzumachen. *Drahtzieher war vor allem ein Herr T. Mit ihm hatte ich schon früher, als ich noch sein Chef war, ein paar Auseinandersetzungen gehabt, die mir damals allerdings als Bagatellen erschienen waren. Er sah jetzt offenbar eine Chance, mir zu schaden. Auch der Sekretär, der für unser Team die Administration machte, wollte plötzlich nicht mehr mit mir zusammenarbeiten, gab mir zum Beispiel wichtige Informationen nicht weiter. Er hatte eine Schlüsselfunktion und konnte mich ganz schön ins Schleudern bringen, wenn er Telefonanrufe nicht weiterleitete oder mich nicht warnte, dass ein Produkt ausgegangen war.*

Mit der Zeit begannen immer mehr Leute auch ausserhalb unseres Teams, mich zu meiden. Wenn ich mit ihnen redete und wissen wollte, was los sei, hiess es immer: «Es gibt keine Probleme, du machst das super.» Aber wenn ich weg war, wurde über mich gelästert. Ich erinnere mich, wie wir uns einmal an den runden Tisch setzten, um diese Probleme zu besprechen. Kaum hatte ich angefangen zu reden, sagte Herr T.: «Dieser Mist, den du da erzählst, interessiert uns nicht.» Er stand auf, knallte die Tür zu, und weg war er. Im Nachhinein denke ich, dass wohl alle Angst um ihren Job hatten. Wir waren immer noch zu viele Leute, und mich hatte die Geschäftsleitung auf der «Abschussliste». In ihren Augen war ich geschwächt durch den Verlust meiner Chefposition.

«*Ich versuchte, alles immer noch besser zu machen, noch perfekter.*»

Mit meinem direkten Chef kam ich eigentlich gut aus, er lobte mich regelmässig. In unserer Freizeit gingen wir miteinander in die

Berge. Aber die Stange halten konnte er mir nicht. Er war ein netter Mensch, aber viel zu schwach, um sich durchzusetzen. Später erfuhr ich, dass auch er mich am Schluss bei der Geschäftsleitung schlechtgemacht hatte. Das hat mich besonders niedergedrückt.

Ich stand massiv unter Druck, versuchte, alles immer noch besser zu machen, noch perfekter, wollte verhindern, dass man mir leistungsmässig Vorwürfe machen konnte. Mit der Zeit konnte ich nicht mehr schlafen. Ich sah ein, dass diese Stelle nicht mehr das Richtige war für mich, aber ich hatte nicht die Energie, etwas anderes zu suchen. Wir waren damals familiär in einer Aufbauphase, die Kinder kamen auf die Welt, auch das brauchte Kraft. Doch eines Abends zog etwas in mir einfach die Notbremse. Ich sagte meinem Chef, ich könne nicht mehr, ich ginge psychisch kaputt. Kurz vorher hatte der Sekretär wieder einmal gesagt, dass er eine bestimmte Aufgabe für mich nicht erledigen wolle. Ich ging zum Hausarzt und liess mich krankschreiben.

Noch in der gleichen Woche wurde ich in die Zentrale zitiert. Dort sass ich fünf hohen Bossen gegenüber, die mir in dürren Worten nahelegten, mir doch eine neue Aufgabe zu suchen. Wäre ich nicht krankgeschrieben gewesen, hätten sie mir sofort gekündigt. Kein Wort des Dankes oder der guten Wünsche. Über 21 Jahre hatte ich dort verbracht. Später erhielt ich es dann noch schriftlich, dass man mir nach Ablauf der gesetzlichen Sperrfrist kündigen werde und dass ich noch soundso lange den Lohn hätte. Begründung: Ich sei nicht der Verkäufertyp, den sie sich vorstellten.

Ich war völlig am Boden. Etwa sieben Wochen blieb ich zu Hause und hirnte ständig an den gleichen Fragen herum: Warum ist das so gelaufen, wo liegt mein Fehler? Schuldgefühle bauten sich auf. Mein Selbstbewusstsein sank immer tiefer. Am schlimmsten war dieses Unerklärliche, keine Antwort zu kriegen auf die Fragen, die ständig in meinem Kopf kreisten. Der Tiefpunkt war erreicht, als mir eines

Tages auf die Frage nach dem «Wie weiter?» nur noch Suizid in den Sinn kam. Im gleichen Atemzug begann der Aufschwung. Mir wurde klar, dass ich leben wollte. Ich dachte an meine Familie, die vier Kinder und wusste: Jetzt muss etwas geschehen. Meine Hausärztin wollte mich in eine psychiatrische Klinik schicken, doch dagegen bäumte ich mich auf. Ich weigerte mich auch, Medikamente zu schlucken. Da schlug sie mir eine anthroposophische Klinik vor. Dort verbrachte ich dann einen Monat.

«Ich dachte an meine Familie und wusste:
Jetzt muss etwas geschehen.»

Diese Klinik war das Beste, was mir passieren konnte. Anthroposophie war mir bisher nicht bekannt gewesen und ich war zuerst eher skeptisch. Aber es gab für mich keine Alternative mehr, und so machte ich alle Therapien mit. Meine einzige Bedingung war, dass ich täglich in der Natur laufen gehen konnte. Das hat mir alles riesig geholfen. Nach diesem Monat war ich so weit «aufgepäppelt», dass ich mich auf die Stellensuche machen konnte. Ich hatte Glück und fand nach wenigen Monaten wieder Arbeit. Heute habe ich zwei Teilzeitstellen. Einen Tag bin ich zu Hause bei den Kindern, sodass auch meine Frau wieder arbeiten gehen kann.

Jetzt, nach vier Jahren, sind die Wunden zwar verheilt, aber sie sind rasch wieder aufgekratzt. Vor allem im ersten Jahr brauchte es nicht viel und alles kam wieder hoch. Etwa zwei Jahre lang gab es keinen Tag, an dem ich nicht irgendwann an die Mobbingerlebnisse denken musste. Immer wieder kam die Angst vor dem erneuten Absturz hoch.

«Die Wunden sind zwar verheilt, aber sie sind rasch wieder aufgekratzt.»

Ich weiss nicht, ob ich aus eigener Kraft wieder auf die Beine gekommen wäre. Es ist ganz wichtig, dass man in solchen Situationen professionelle Hilfe holt und sie annimmt, auch wenn sich alles in einem dagegen sträubt. Ich habe übrigens parallel zu meinem beruflichen Wiedereinstieg noch eine Gesprächstherapie besucht, bis ich spürte: Jetzt brauche ich sie nicht mehr. Das war vor ungefähr einem Jahr. Diese Form von Nachbetreuung ist wichtig, ich würde sie allen empfehlen, die Mobbing erlebt haben. Geholfen hat mir auch, dass ich ein stabiles Umfeld, eine Familie, Geschwister und gute Freunde hatte, bei denen ich mich jederzeit aussprechen konnte und mich geborgen fühlte. Es ist ganz wichtig, dass man einen Ort hat, wo man mitgetragen wird und Last abladen kann. Meine Familie hat mir diese Stütze immer gegeben, dafür werde ich ihr stets dankbar sein.

Anhang

Musterbriefe

Alle Musterbriefe stehen unter www.beobachter.ch/download (Code 0345) bereit. Sie können sie herunterladen und an Ihre Bedürfnisse anpassen.

Wenn Kollegen mobben – Bitte um einen Gesprächstermin mit dem Chef

Zusammenarbeit

Sehr geehrte/-r ...

Wie ich Ihnen schon mündlich angedeutet habe, ist es in letzter Zeit immer wieder zu Konflikten und Reibereien mit Herrn X. und Frau Y. gekommen. Das Verhalten dieser Kollegen belastet mich zusehends und beeinträchtigt auch unsere Zusammenarbeit.

Ich habe mich bemüht, die Situation zu bereinigen und mit den beiden Kollegen eine Einigung zu finden, leider ohne Erfolg. Ich bitte Sie daher um einen Gesprächstermin und bin froh, wenn Sie diesen möglichst rasch ansetzen.

Mit freundlichen Grüssen

Vom Chef gemobbt? Bitte um einen Gesprächstermin

Zusammenarbeit

Sehr geehrte/-r ...

Seit einiger Zeit habe ich den Eindruck, dass unsere Kommunikation und Zusammenarbeit gestört ist. Ich fühle mich von Ihnen immer wieder zu Unrecht kritisiert und auch als Person infrage gestellt. Diese Situation belastet mich sehr.

Ich arbeite gerne in der Firma X und identifiziere mich voll und ganz mit ihren Zielen. Es ist mir sehr viel an einer fruchtbaren, erfolgreichen Zusammenarbeit gelegen. Ich bitte Sie daher um einen baldigen Termin, damit wir die erwähnten Probleme besprechen können.

Mit freundlichen Grüssen

Der Arbeitgeber soll Abhilfe gegen Mobbing schaffen

Ihre Fürsorgepflicht als Arbeitgeberin

Sehr geehrte/-r ...

Bereits mehrmals habe ich Sie darauf angesprochen, dass ich an meinem Arbeitsplatz von einigen Kollegen *[oder: von meinem direkten Vorgesetzten]* unkorrekt behandelt und schikaniert werde. In der Beilage finden Sie eine Aufstellung der Vorfälle, die ich als Angriffe auf meine persönliche Integrität betrachte.

Leider haben Gespräche bis jetzt keine Besserung gebracht. Ich ersuche Sie als Arbeitgeberin daher auf diesem Weg, umgehend Abhilfe zu schaffen. Aufgrund von Artikel 328 OR sind Sie dazu verpflichtet, meine persönliche Integrität als Arbeitnehmer zu schützen und dazu die nötigen Massnahmen zu treffen.

Selbstverständlich bin ich bereit, alles zu tun, um zu einer gütlichen Einigung beizutragen. Für konstruktive Gespräche stehe ich jederzeit zur Verfügung.

Mit freundlichen Grüssen

Protestbrief gegen eine fristlose Entlassung

Protest gegen fristlose Entlassung

Sehr geehrte/-r ...

Sie haben mich heute Donnerstag, 23. März 20xx, ohne wichtigen Grund fristlos entlassen. Dagegen protestiere ich. Da Sie gegen meinen Willen auf meine weitere Mitarbeit verzichten, werde ich eine neue Stelle suchen. Von Ihnen fordere ich Ersatz für den mir entstandenen Schaden. Sollte diesbezüglich keine gütliche Einigung möglich sein, werde ich ohne Weiteres beim Arbeitsgericht Klage gegen Sie einreichen.

Mit freundlichen Grüssen

Protestbrief gegen missbräuchliche Kündigung

Protest gegen Kündigung

Sehr geehrte/-r ...

Hiermit protestiere ich gegen Ihre Kündigung vom 14. Februar 20xx. Sie erfolgte nur wenige Tage, nachdem ich mich gegen Schikanen am Arbeitsplatz gewehrt und an Ihre Fürsorgepflicht als Arbeitgeberin appelliert hatte.

Diese Kündigung ist missbräuchlich, weil ich nichts anderes getan habe, als meine gesetzlichen Rechte als Arbeitnehmer wahrzunehmen. Falls Sie nicht bereit sind, die Kündigung zurückzunehmen, werde ich vor Arbeitsgericht eine Entschädigung einfordern.

Mit freundlichen Grüssen

Protestbrief bei Annahmeverzug

Vertragliches Arbeitspensum

Sehr geehrte/-r ...

Sie haben mir heute Morgen mitgeteilt, dass ich ab sofort nur noch drei Tage pro Woche arbeiten kann. *[oder: In letzter Zeit ist es immer wieder vorgekommen, dass ich wegen zu wenig Arbeit vorzeitig nach Hause geschickt wurde.]* Ich halte fest, dass wir vereinbart haben, dass ich von Montag bis Donnerstag je 8,2 Stunden bei Ihnen arbeite. In den letzten zwei Jahren wurde dies auch regelmässig so gehandhabt. Mit einer Reduktion meines Pensums bin ich nicht einverstanden.

Ich biete Ihnen daher meine Arbeit ausdrücklich im vertraglich vereinbarten Umfang an. Sollten Sie auf einen Teil meiner Arbeitsleistung verzichten, habe ich gemäss Artikel 324 OR trotzdem meinen vollen Lohn zugut.

Mit freundlichen Grüssen

Adressen und Links

Auf Mobbing spezialisierte Beratungsstellen

BeTrieb
Konfliktberatung für Unternehmen und Institutionen
Mobbing und sexuelle Belästigung
Bahnhofstrasse 52
8001 Zürich
Tel. 044 214 67 85
www.betrieb.ch

look@work
GGG Wegweiser
Im Schmiedenhof 10
4051 Basel
Tel. 061 272 17 17
http://ggg-wegweiser.ch/lookwork

Fachstelle Mobbing und Belästigung
- Bonstettenstrasse 15
  3012 Bern
  Tel. 031 381 49 50
- Lavater strasse 45
  8002 Zürich
  Tel. 044 450 10 16
www.fachstelle-mobbing.ch

Mobbing Erstberatungsstelle für Frauen und Männer, M. E. B.
Seefeldstrasse 27
8008 Zürich
Tel. 044 261 49 77
www.flexibles.ch

Mobbing Zentrale Schweiz
Mottastrasse 7
3005 Bern
Tel. 079 899 77 64
www.mobbing-zentrale.ch

Psychologisch-psychotherapeutische Praxis Klaus Schiller-Stutz
Fachpsychologe/Fachtherapeut FSP
- Kaltackerstrasse 17
  8908 Hedingen
- Minervastrasse 99
  8032 Zürich
Tel. 044 760 00 69
www.schiller-stutz.ch

Rechtspermanence
Rechtshilfe & Streitschlichtung / Mobbingberatung & Coaching
- Buchstrasse 5
  6002 Luzern
- Ankerstrasse 24
  8004 Zürich
Tel. 0900 007 007
www.rechtsphilo.ch
Sprechstunden 365 Tage, 24 Stunden

Institut für systemische Psychologie
Sevogelstrasse 123
4052 Basel
Tel. 061 311 16 11
www.systemische-psychologie.ch

WorkCareTeam®
D&O Dienstleistung und Organisation GmbH
Bruggenmattweg 8
8906 Bonstetten
Tel. 043 541 01 10
Helpline 043 541 03 35

www.dundo.ch
Beratung, Coaching und Krisenintervention für Unternehmen und Privatpersonen

Weitere Adressen spezialisierter Psychologen, Ärztinnen und Rechtsanwälte in Ihrer Region unter www.mobbing-zentrale.ch

Rechtsberatung

Beobachter-Beratungszentrum
Beratungszentrum
Das Wissen und der Rat der Fachleute in acht Rechtsgebieten stehen den Mitgliedern des Beobachters im Internet und am Telefon zur Verfügung. Wer kein Abonnement der Zeitschrift oder von Guider hat, kann online oder am Telefon eines bestellen und erhält sofort Zugang zu den Dienstleistungen.
- www.guider.ch: Guider ist der digitale Berater des Beobachters mit vielen hilfreichen Antworten bei Rechtsfragen.
- Beratung am Telefon: Montag bis Freitag von 9 bis 13 Uhr, Fachbereich Arbeit Tel. 043 444 54 01
- Kurzberatung per E-Mail: Link zu den verschiedenen Fachbereichen unter www.beobachter.ch/beratung (→ Beratung per E-Mail)
- Anwaltssuche: Vertrauenswürdige Anwältinnen und Anwälte in Ihrer Region unter www.beobachter.ch/beratung (→ Anwaltssuche)
- Kostenpflichtige Überprüfung von Arbeitszeugnissen: www.beobachter.ch/beratung (→ Arbeitszeugnis → beraten lassen)
- Rechtsberatung für KMU: www.beobachter.ch/beratung (→ KMU-Rechtsberatung)

Gerichte, Schlichtungs- und Aufsichtsstellen

Schlichtungsstellen und Gerichte bei arbeitsrechtlichen Streitigkeiten
Die meisten erstinstanzlichen Gerichte und Schlichtungsstellen finden Sie im Internet auf der Website des jeweiligen Kantons – das Kantonsgericht Appenzell Ausserrhoden etwa unter www.ar.ch (→ Gerichte → Kantonsgericht).
Links zu den kantonalen Gerichten auch unter www.zivilgerichte.ch

Schlichtungsstellen nach Gleichstellungsgesetz
Wenn Sie am Arbeitsplatz von Diskriminierung betroffen sind, können Sie sich an Schlichtungsstellen wenden; Links unter www.ebg.admin.ch (→ Themen → Gleichstellungsgesetz → Das kostenlose Schlichtungsverfahren → Dokumente → Adressen Schlichtungsstellen).

Kantonale Arbeitsinspektorate
Wenn Ihr Arbeitgeber Mobbing duldet, verstösst er gegen seine Fürsorgepflicht und verletzt die Bestimmungen über den Gesundheitsschutz im Arbeitsgesetz. Sie können sich ans kantonale Arbeitsinspektorat wenden, Adressen unter www.ekas.admin.ch (→ Adressen der Durchführungsorgane).

Links für Stellensuche, Arbeitsrecht, Arbeitnehmerschutz

www.admin.ch (→ Bundesrecht → Systematische Rechtssammlung)
Direkter Link zu den Gesetzestexten

www.berufsberatung.ch
Informtionen zu Stellenmarkt, Laufbahnplanung und Weiterbildung

www.ebg.admin.ch
Website des Eidgenössischen Büros für die Gleichstellung von Frau und Mann; Datenbank mit dem Gleichstellungsgesetz, vielen nützlichen Erläuterungen und Links sowie den Entscheiden nach Gleichstellungsgesetz

www.praxisinfo.ch
Beratungen und Therapien aller Art

www.seco.admin.ch (→ Arbeit)
Offizielle Seite des Staatssekretariats für Wirtschaft (Seco)
Themen: Arbeitsrecht, Arbeitsmarkt, Arbeit und Gesundheit

www.selbsthilfeschweiz.ch
Koordination und Förderung von Selbsthilfegruppen in der Schweiz

www.treffpunkt-arbeit.ch
Informationen zu Arbeitslosigkeit und Stellensuche

www.ausbildung-weiterbildung.ch
Weiterbildungsangebote

Literatur

Beobachter-Ratgeber

Baumgartner, Gabriela; Bräunlich Keller, Irmtraud: **Fair qualifiziert?** Mitarbeitergespräche, Arbeitszeugnisse, Referenzen. Beobachter-Edition, Zürich 2015

Bräunlich Keller, Irmtraud: **Arbeitsrecht.** Was gilt im Berufsalltag? Vom Vertragsschluss bis zur Kündigung. 13. Auflage, Beobachter-Edition, Zürich 2017

Bräunlich Keller, Irmtraud: **Job weg – meine Rechte.** Wie weiter bei Kündigung und Arbeitslosigkeit? 4. Auflage, Beobachter-Edition, Zürich 2017

Dacorogna-Merki, Trudy: **Stellensuche mit Erfolg.** So bewerben Sie sich richtig. 14. Auflage, Beobachter-Edition, Zürich 2016

Haas, Esther; Wirz, Toni: **Mediation – Konflikte besser lösen.** 4. Auflage, Beobachter-Edition, Zürich 2015

Heini, Claude; Bräunlich Keller, Irmtraud: **Plötzlich Chef.** Souverän in der neuen Führungsrolle. 2. Auflage, Beobachter-Edition, Zürich 2016

Limacher, Gitta: **Krankheit oder Unfall – wie weiter im Job?** Das gilt, wenn Sie nicht arbeiten können. 4. Auflage, Beobachter-Edition, Zürich 2017

Reemts Flum, Brigitte; Nadig, Toni: **50 plus – Neuorientierung im Beruf.** Chancen erkennen und mit Erfahrung punkten. Beobachter-Edition, Zürich 2016

Rohr, Patrick: **So meistern Sie jedes Gespräch.** Mutig und souverän argumentieren – im Beruf und privat. 3. Auflage, Beobachter-Edition, Zürich 2012

Ruedin, Philippe; Bräunlich Keller, Irmtraud: **OR für den Alltag.** Kommentierte Ausgabe aus der Beobachter-Beratungspraxis. 12. Auflage, Beobachter-Edition, Zürich 2016

Wyss, Ralph; Pelosi, Lea: **Besser verhandeln im Alltag.** Die wichtigsten Verhandlungstechniken richtig anwenden. Mit Praxisbeispielen. Beobachter-Edition, Zürich 2013

Weiterführende Literatur zum Thema Mobbing

Ducret, Véronique: **Sexuelle Belästigung – was tun?** Ein Leitfaden für Betriebe. Vdf Hochschulverlag AG, Zürich 2004

Hirigoyen, Marie-France: **Mobbing – Wenn der Job zur Hölle wird.** Deutscher Taschenbuch Verlag, München 2004

Leymann, Heinz: **Mobbing.** Psychoterror am Arbeitsplatz und wie man sich dagegen wehren kann. Rowohlt, Reinbek bei Hamburg 2009

Pöhm, Matthias: **Frauen kontern besser.** So werden Sie richtig schlagfertig. Redline, Wirtschaft, 2005

Schiller-Stutz, Klaus: **Mobbing und Arbeitsplatzkonflikte.** Psychosozialen Stress erkennen – konstruktiv lösen – vorbeugen. Spektramedia, Zürich 2010

Schulz von Thun, Friedemann: **Miteinander reden.** Bände 1 bis 3. Rowohlt Taschenbuch Verlag, Reinbek bei Hamburg 2011

Steiger-Sackmann, Sabine: **Schutz vor psychischen Gesundheitsrisiken am Arbeitsplatz.** Schulthess Verlag, Zürich 2013

Vögeli, Nicole C.: **Sexuelle Belästigung am Arbeitsplatz im privatrechtlichen Arbeitsverhältnis.** Verlag Rüegger, Zürich 1996

Watzlawick, Paul: **Anleitung zum Unglücklichsein.** Piper Verlag GmbH, München 2008

Ratgeber, auf die Sie sich verlassen können

Beobachter EDITION

Job weg. Was tun bei Arbeitslosigkeit?

Alles Wichtige rund um Kündigung und Arbeitslosigkeit: das richtige Verhalten – auch gegenüber dem RAV –, die Höhe des Taggeldes, der nötige Versicherungsschutz. Dieses Buch bietet alle Informationen, die Betroffene brauchen, und zwar praxisnah, aktuell und kompakt.

190 Seiten, Broschur
ISBN 978-3-85569-954-4

Mediation – Konflikte besser lösen

Dieser Ratgeber erklärt, wie Mediation bei Konflikten – sei es bei einer Scheidung, in der Arbeitswelt oder im öffentlichen Raum – als Alternative zum Gerichtsverfahren funktioniert, wie sie abläuft und wie man die geeignete Fachperson findet. Zudem bietet er nützliche Mustertexte, Beispiele, Adressen und Links.

144 Seiten, Broschur
ISBN 978-3-85569-898-1

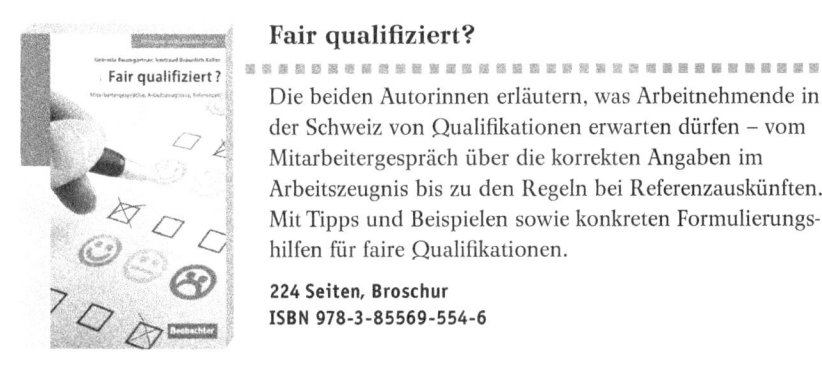

Fair qualifiziert?

Die beiden Autorinnen erläutern, was Arbeitnehmende in der Schweiz von Qualifikationen erwarten dürfen – vom Mitarbeitergespräch über die korrekten Angaben im Arbeitszeugnis bis zu den Regeln bei Referenzauskünften. Mit Tipps und Beispielen sowie konkreten Formulierungshilfen für faire Qualifikationen.

224 Seiten, Broschur
ISBN 978-3-85569-554-6

Die E-Books des Beobachters: einfach, schnell, online. www.beobachter.ch/ebooks